DIE NEBENLEISTUNGS-AKTIENGESELLSCHAFT

Erich Ebert

Leipziger juristische Inauguraldissertation.

Druck von Metzger & Wittig in Leipzig.

MEINEN LIEBEN ELTERN

Literatur.

Alexander = Die Sonderrechte der Aktionäre von Edmund Alexander. Berlin (Liebmann) 1892.

Arch. d. Rheinpr. = Archiv für das Zivil- und Kriminalrecht der königl. preuß. Rheinprovinz. Herausgegeben von Mitgliedern des Oberlandesgerichts zu Köln. Köln a. Rh. (Peter Schmitz).

Arch. f. c. Pr. = Archiv für civilistische Praxis. Herausgegeben von Franklin usw. Freiburg i. B. und Leipzig (J. C. B. Mohr).

Bachmann = Die Sonderrechte des Aktionärs v. G. Bachmann. Zürich 1902.

Bauer = Das Aktiengesetz in der Fassung des neuen H.G.B.s vom 10. Mai 1897 von Josef Bauer. Leipzig (Verlag des Handelsgesellschafters) 1899.

Bauer Zeitschr. = Zeitschrift für Aktiengesellschaften und der Handelsgesellschafter. Jurist. Monatsschr. f. Aktiengesellschaften usw. Bd. 1—4 u. d. Tit. der Handelsgesellschafter. Herausgegeben von Syndikus Josef Bauer. Leipzig.

Behrend = Lehrbuch des Handelsrechts von J. Fr. Behrend. I. Band. Berlin und Leipzig (Guttentag) 1886 und 1896.

Birkmeyer = Enzyklopädie der Rechtswissenschaft. Herausgegeben von Karl Birkmeyer. Berlin (Häring) 1901.

B. = A. Bolze, Die Praxis des Reichsgerichts in Zivilsachen. Nach Band und Nummer zitiert.

Busch Arch. = Archiv für Theorie und Praxis des allgem. deutsch. Handels- und Wechselrechts. Begründet von F. B. Busch.

Bülow = Das Vereinsrecht des bürg. Gesetzbuchs von Joachim von Bülow. Berlin (Heymann) 1902.

Cosack = Lehrbuch des Handelsrechts von Conrad Cosack. Stuttgart (Enke) 3. Aufl. 1895, 5. Aufl. 1900, 6. Aufl. 1903.

Danziger = Das H.G.B. für das deutsche Reich usw., Textausg. m. Anm. von R.A. Dr. Danziger. Berlin (Dümmler) 2. Aufl. 1900.

D. = Denkschrift zum Entwurf eines H.G.B.s und eines Einführungsgesetzes (Reichstagsvorlage), in den Stenogr. Berichten des Reichstags 9. Leg.-Per. 4. Sess. Anlageband VI Nr. 632. Auch bei Hahn, Materialien.

Dernburg B.R. = Das bürgerl. Recht des Deutschen Reichs und Preußens von Heinrich Dernburg. Halle a. S. (Waisenhausverlag). I. Bd. 1902, II. Bd. 1. Abt. 1. und 2. Aufl. 1899, II. Bd. 2. Abt. 1901.

Dove = Das H.G.B. für das Deutsche Reich, erläutert von Heinrich Dove. Berlin (Heymann) 1900.

Dyhrenfurth = Die Aktiengesellschaft unter dem neuen Aktiengesetz. H.G.B. v. 10. Mai 1897 II. Buch 3. Abschn. von Hugo Alexander-Katz und Richard Dyhrenfurth. Berlin (H. S. Hermann) 1899, 5. u. 6. Tausend.

Endemann A.G. = Das Recht der Aktiengesellschaften usw. von Wilhelm Endemann. Heidelberg (Bangel & Schmitt) 1873.

Endemann H.B. = Handbuch des deutschen Handels-, See- und Wechselrechts. Herausgeg. von W. Endemann. I. Bd. Leipzig (Fues) 1881.

Endemann H.R. = Das deutsche Handelsrecht von Wilh. Endemann. 4. Aufl. Leipzig (Fues) 1887.

Engelmann = Das bürgerl. Recht Deutschlands mit Einschl. des Handelsrechts von A. Engelmann. 3. Aufl. 1903.

Entwurf eines H.G.B.s mit Ausschluß des Seehandelsrechts nebst Denkschrift. Aufgestellt im Reichsjustizamt. Amtliche Ausgabe. Berlin (Guttentag) 1896.

Entwurf eines Gesetzes betr. die Kommanditgesellschaften und die Aktiengesellschaften nebst Begründung und Anlagen. Vorgelegt dem Bundesrat am 7. Sept. 1883. Berlin (Heymann) 1883. Auch bei Busch Arch. Bd. 44.

Entwurf eines Gesetzes betr. die Kommanditgesellschaften und die Aktiengesellschaften nebst Motiven und Anlagen. Dem deutschen Reichstag vorgelegt in der 4. Session der 5. Leg.-Per. Berlin (Heymann) 1884.

Entwurf Gt. m. b. Htg. = Entw. eines Ges. betr. die Gesellschaften mit beschränkter Haftung nebst Begründung und Anlagen. Amtl. Ausgabe. Berlin (Vahlen) 1891.

Esser = Ges. betr. die Kommanditgesellsch. auf Aktien und Aktiengesellschaften v. 18. Juli 1884. Erläutert von Robert Esser II. 5. Aufl. Berlin (Springer) 1891.

Esser A.G. = Die Aktiengesellschaft nach den Vorschr. des H.G.B.s v. 10. Mai 1897 von Robert und Ferdinand Esser. 2. Aufl. Berlin (Springer) 1899.

Esser Neugestaltung = Die Neugestaltung der Aktiengesellschaft von Robert Esser. Berlin (Springer) 1898.

Fischer = Die Pflichten der Aktionäre mit besond. Berücksichtigung usw. Erlangener Doktordissertation 1895.

Gareis H.G.B. = Handelsgesetzbuch vom 10. Mai 1897. Handausgabe von K. Gareis. München (C. H. Beck) 1898.

Gareis Lehrb. = Das deutsche Handelsrecht. Lehrbuch von K. Gareis. Berlin (Guttentag) 5. Aufl. 1896, 7. Aufl. 1903.

Gareis-Fuchsberger = Das allgemeine deutsche H.G.B. Herausgegeben von Karl Gareis und Otto Fuchsberger. Berlin (Guttentag) 1891.

Gierke B.G.B. Entw. = Der Entwurf eines B.G.B.s und das deutsche Recht von Otto Gierke. Leipzig (Duncker & Humblot) 1889. Auch in Gust. Schmollers Jahrbuch für Gesetzgebung, Verwaltung und Volkswirtschaft (12. Jahrg. 1888) abgedruckt.

Gierke G.Th. = Die Genossenschaftstheorie und die deutsche Rechtsprechung von Otto Gierke. Berlin (Weidmann) 1887.

Gierke H.G.B. Entw. = Der Entwurf des neuen H.G.B.s. Vortrag von Otto Gierke. Dresden (Zahn & Jaensch) 1897.

Goldschmidt Formen = Alte und neue Formen der Handelsgesellschaft. Vortrag von L. Goldschmidt. Berlin (Liebmann) 1892.

Goldschmidt System = System des Handelsrechts im Grundriß von L. Goldschmidt. 4. Aufl. Stuttgart 1892.

Hahn = Kommentar zum allgem. deutschen H.G.B. von Friedr. v. Hahn. Braunschweig (Vieweg) 1877 ff.

Hahn Materialien = Die gesamten Materialien zu den Reichsjustizgesetzen von C. Hahn, B. Mugdan. Berlin (Decker) Bd. VI 1897.

W. Hahn = Das deutsche Handelsrecht von W. Hahn. Berlin (Nitschmann) 1901.

Hergenhahn = Das Reichsgesetz betr. die Kommanditges. auf Aktien usw. v. 18. Juli 1884. Erläut. von Th. Hergenhahn. Berlin (Liebmann) 1891.

Holdheim = Monatsschrift für Handelsrecht und Bankwesen, Steuer- und Stempelfragen. Neue Folge der Monats- bezw. Wochenschrift f. Aktienrecht. Herausgegeben von Paul Holdheim. Berlin (Heymann) 1892 ff.

Jherings Jahrbücher = Jherings Jahrbücher für die Dogmatik des bürgerlichen (früher des heut. röm. und deutsch. Priv.) Rechts. Jena (Fischer).

Jur. W. = Juristische Wochenschrift. Organ des deutschen Anwaltsvereins.

Jur. Ztg. = Deutsche Juristenzeitung. Berlin (Liebmann) 1896 ff.

Kaufmann = Die wesentl. Unterschiede des alten und neuen H.G.B.s von Emil Kaufmann. 2. Aufl. Berlin (Moeser) 1901.

Kayser = Gesetz betr. die Kommanditges. auf Aktien usw. vom 18. Juli 1884 von Paul Kayser. 2. Aufl. Berlin (Müller) 1891.

Keyssner-Simon = Reichsges. betr. die Kommanditges. usw. v. 18. Juli 1884 von Hugo Keyssner und H. Veit Simon. 4. Aufl. Berlin (Guttentag) 1895. — Die 5. Aufl. (1900) unter d. Titel: Aktiengesellschaft und Kommanditges. auf Aktien von Hugo Keyssner und L. Keyssner.

Könige = H.G.B. v. 10. Mai 1897 von H. Könige. Berlin (Guttentag) 1899.

Kohler und Ring = Archiv für bürgerliches Recht. Herausgegeben von Kohler, Ring und Oertmann. Berlin (Heymann).

Komm.-Ber. I = Bericht der IX. Komm. über den Entwurf eines Ges., betr. die Kommanditgesellschaften auf Aktien und die Aktiengesellschaften. 4. Sess. der 5. Leg.-Per. des Reichstags. Nr. 128 der Drucksachen.

Komm.-Ber. II = Bericht der XVIII. Kommission über den Entwurf eines H.G.B.s. 4. Sess. der 9. Leg.-Per. des Reichstags. Nr. 632 der Drucksachen. Auch bei Hahn, Materialien.

Korn = Das neue H.G.B. von Alfred Korn. Berlin und Leipzig (Herlet) 1901.

Lehmann = Das Recht der Aktiengesellschaften von Karl Lehmann. 1. Bd. Berlin 1898.

Lehmann-Ring = Das H.G.B. für das Deutsche Reich. Erläutert von Karl Lehmann und V. Ring. I. Bd. Berlin (Heymann) 1902. Aus dem Sammelwerk: Kommentar zum B.G.B. und seinen Nebengesetzen.

Lippmann = Über die rechtl. Natur der statutarischen Rübenlieferungspflicht der Aktionäre von Aktienzuckergesellschaften von Landgerichtsrat Lippmann in Z. Bd. 39.

Litthauer = H.G.B. v. 10. Mai 1897 von F. Litthauer. 12. Aufl. Berlin 1901.

Löwenfeld = Das Recht der Aktiengesellschaften von Hermann Löwenfeld. Berlin (Guttentag) 1879.

Lubszinski = Das neue H.G.B. von Jul. Lubszinski. Hamburg (Börsenhalle) 1896.

Makower = H.G.B. mit Kommentar. Herausgegeben von H. Makower. Buch I—III neu bearbeitet von F. Makower. 12. Aufl. Berlin (Guttentag) 1898. 11. Aufl. 1893.

Makower-Simon = Beiträge zur Beurteilung des Entw. eines H.G.B.s von H. Makower und H. Veit Simon. Berlin (Guttentag) 1896.

Methner H.G.B. = Das neue und das alte H.G.B. in ihren Abweichungen von C. Methner. Breslau (Marcus) 1899.

Methner-Huberti = Aktionär, Aufsichtsrat und Vorstand usw. von C. Methner. Leipzig (Huberti). Aus Hubertis kaufmännischer Bibliothek.

Meurer = Die jurist. Personen nach deutschem Reichsrecht von Christian Meurer. Stuttgart (Enke) 1901.

Meyer = Das Aktienrecht. Buch II, Abschn. 3 u. 4 des H.G.B.s v. 10. Mai 1897 von Alexander Meyer. 3. Aufl. Berlin (Vahlen) 1900.

Meyerhoff = *Corpus iuris civilis* für das Deutsche Reich und Preußen von Georg Meyerhoff. II. Bd. Berlin (Heymann) 1900.

Petersen-Pechmann = Ges. betr. die Kommanditges. auf Aktien usw. vom 18. Juli 1884. Erläutert durch Julius Petersen und Wilhelm Freih. v. Pechmann. Leipzig (Rossberg) 1890.

Pinner = Das deutsche Aktienrecht. Kommentar von Albert Pinner. Berlin (H. W. Müller) 1899.

Planck = Bürgerl. Gesetzbuch nebst Einführungsgesetz von G. Planck usw. Berlin (Guttentag) 1897 ff.

Puchelt = Kommentar zum allgem. deutschen H.G.B. von Ernst Sigismund Puchelt. 4. Aufl. von R. Förtsch. Leipzig (Rossberg) 1893.

Renaud = Das Recht der Aktiengesellschaften von Achilles Renaud. 2. Aufl. Leipzig 1875.

R.G. = Entscheidungen des Reichsgerichts in Zivilsachen. Leipzig.

RIESSER = Die Neuerungen im deutschen Aktienrecht von Dr. RIESSER. Berlin (LIEBMANN) 1899.
RICHTER = Das Recht der Aktiengesellschaften von FRIEDRICH HUGO RICHTER. Leipzig 1891.
RING = Das Reichsges. betr. die Kommanditges. usw. v. 18. Juli 1884 von VIKTOR RING. 2. Aufl. Berlin (HEYMANN) 1893.
R.O.H. = Entscheidungen des Reichsoberhandelsgerichts. Stuttg. (F. ENKE).
Rtspr. d. O.L.G. = Die Rechtsprechung der Oberlandesgerichte auf dem Gebiete des Zivilrechts. Herausgegeben von MUGDAN und FALKMANN.
RUDORFF = Handelsgesetzbuch vom 10. Mai 1897. Mit Erläuterungen von O. RUDORFF. Stuttgart (ENKE) 1898.
SCHERER = Das neue H.G.B. vom 10. Mai 1897 von M. SCHERER. Leipzig (WIGAND) 1899.
SEUFFERT = J. A. SEUFFERTS Archiv für Entscheidungen der obersten Gerichte in den deutschen Staaten. Herausgegeben von H. F. SCHÜTT.
SIMON = Die Bilanzen der Aktiengesellschaften usw. von HERMANN VEIT SIMON. 2. Aufl. Berlin (GUTTENTAG) 1898.
STAUB = Kommentar zum Handelsgesetzbuch von HERMANN STAUB. 6. und 7. Aufl. Berlin (HEINE) 1900. Die 3. und 4. Aufl. des Werkes (1896) ist als STAUB 3. und 4. Aufl. zitiert.
STAUB Krit. Betr. = Kritische Betrachtungen zum Entwurf eines H.G.B.s. Vortrag von HERMANN STAUB. Berlin (LIEBMANN) 1896.
Sten. Ber. = Stenographische Berichte des Reichstags. Soweit zitiert abgedruckt bei HAHN, Materialien.
STRAUSS = Die Reform des deutschen Aktienrechts usw. von LUDWIG STRAUSS. (Publikat. d. Exportakademie des k. k. Handelsmuseums. Bd. II.) Wien 1899.
SUCHSLAND = Die unsichere Rechtslage der Zuckerfabriken in der Form der Aktiengesellschaften nach der Rechtsprechung des Reichsgerichts usw. von KARL SUCHSLAND. Halle a. S. (TAUSCH & GROSSE) 1891.
THÖL = Das Handelsrecht v. HEINR. THÖL. I. Bd. 6. Aufl. Leipzig (FUES) 1879.
VÖLDERNDORFF = Das Reichsges. betr. die Kommanditges. usw. v. 18. Juli 1884 von OTTO Freih. v. VÖLDERNDORFF. Erlangen (PALM & ENKE) 1885.
WEST = Über die Rechtsverhältnisse des Aktionärs zur Gesellschaft, wenn er zu vermögensrechtlichen Leistungen neben der Geldeinlage statutenmäßig verpflichtet ist. Ein Rechtsfall von WEST. Bei BUSCH Archiv Bd. 36, S. 96 ff.
WEYL = Handbuch des deutschen Aktiengesellschaftsrechts von LUDWIG WEYL. II. Teil. Freiburg i. B. und Leipzig (MOHR) 1896.
WILLENBÜCHER = Das allgem. deutsche H.G.B. von WILLENBÜCHER. Berlin (H. W. MÜLLER) 1891.
WOLFF Z. = Über die Rübenlieferungspflicht der Aktionäre von Zuckerfabriken von EUGEN WOLFF in Z. Bd. 32.
WOLFF A. = Die Aktienzuckerfabriken vor dem Reichsgericht von EUGEN WOLFF. Bei KOHLER und RING Bd. III S. 293 ff.
WOLFF W. = Die Nebenleistungsaktiengesellschaft des neuen Handelsgesetzbuchs von EUGEN N. WOLFF. In der Festgabe der Rechtsanwaltschaft des Kammergerichts für RICHARD WILKE. Berlin (VAHLEN) 1900.
Z. = Zeitschrift für das gesamte Handelsrecht. Begründet von L. GOLDSCHMIDT. Stuttgart (FERD. ENKE) 1858 ff.

Die zitierten Paragraphen verweisen auf das Handelsgesetzbuch vom 10. Mai 1897, die zitierten Artikel (Art.) auf das allgemeine deutsche Handelsgesetzbuch.

§ 1.

Einleitung.

I. **Die Rübenzuckeraktiengesellschaften.** Nachdem Ende der dreißiger Jahre des neunzehnten Jahrhunderts die deutsche Rübenzuckerindustrie einen unerwarteten Aufschwung genommen hatte, mehrten sich in den fünfziger Jahren die Fälle, in denen sich rübenbauende Landwirte, zugleich als Kapitalisten und Produzenten, zur Errichtung von Aktiengesellschaften für Rübenzuckerfabrikation zusammenschlossen. In den Statuten dieser Aktiengesellschaften wurde den Inhabern von Aktien regelmäßig die Verpflichtung auferlegt, für jede ihrer Aktien alljährlich ein Areal von bestimmter Größe unter der Kontrolle der Gesellschaft mit Zuckerrüben entweder selbst zu bebauen oder bebauen zu lassen und den Ertrag dieses Areals, beziehentlich ein festbestimmtes Quantum sogenannter Pflichtrüben und unter Umständen auch die über dieses Quantum hinaus auf eigenen Äckern gebauten sogenannten Überrüben für einen Preis, dessen Höhe bald im Statut ein für allemal festgesetzt war, bald auch von dem einen oder anderen Gesellschaftsorgan alljährlich festgesetzt werden sollte, an die Fabrik zu liefern. Zur Erfüllung der so konstituierten Pflichten wurden die Aktionäre durch ebenfalls im Statut festgesetzte Konventionalstrafen angehalten und von der Erfüllung der Rübenlieferungspflicht meist nur durch vis maior befreit. Stets auch wurde eine besondere Instruktion erlassen, welche über den Bau der Rüben, die Beschaffenheit und Kultur des zumeist vor der Bebauung der Aktiengesellschaft zu deklarierenden und von dieser zu genehmigenden Ackerbodens, über den vielfach von der Gesellschaft zu entnehmenden Rübensamen, die Lieferungszeit, die Behandlung, die Qualität und den Zuckergehalt der zu liefernden Rüben, über das Verfahren bei der Ablieferung und Verwiegung der Rüben, die Bestimmung des Gewichtsverlustes für Schmutz, Rübenköpfe und -schwänze, über die Abfuhr von Rückständen und Schnitzeln, über Frostschäden und dergl. ausführliche Bestimmungen traf. Da ferner die Rübenzuckeraktiengesellschaften das größte Interesse daran hatten, für ihren Bedarf an Rohmaterial stetige, zuverlässige und ausgiebige Bezugsquellen, zu Aktionären also Rübenbau treibende Landwirte zu haben, so trafen die Statuten zumeist auch Bestimmungen dahin, daß die Aktien bei Veräußerung oder Vererbung wieder an geeignete Personen gelangten, insbesondere wurde zumeist die Gültigkeit der Veräußerung einer Aktie von der durch den Nachweis der Befähigung des Erwerbers bedingten Genehmigung der Gesellschaft abhängig gemacht.[1]

II. **Die rechtliche Beurteilung der statutarischen Rübenlieferungspflicht.** Während ursprünglich gegen die rechtliche Zulässigkeit der in der Satzung der Gesellschaft statuierten Rübenlieferungspflicht keinerlei Bedenken laut wurden, erhob sich Ende der sechziger Jahre infolge des Zusammenbruchs einer Aktienzuckerfabrik im Herzogtum Anhalt[2] zum ersten Male die Frage nach ihrer rechtlichen Natur und zum ersten Male tauchten Zweifel auf, ob es mit dem Art. 219, wonach die Verpflichtung des Aktionärs, zu den Zwecken der Aktiengesellschaft und zur Erfüllung ihrer Verbindlichkeiten beizutragen, durch den Nominal- bezw. den Ausgabebetrag der Aktie begrenzt wird, zu vereinbaren sei, daß der Aktionär statutarisch außer zu seiner

---

[1] Über die wirtschaftlichen Verhältnisse der Rübenzuckergesellschaften vgl. Wolff bei Holdheim VI S. 75, Wolff A. S. 294—305. — Ausführliche Statutenbestimmungen von Rübenzuckergesellschaften bringt Suchsland am Ende seiner Abhandlung zum Abdruck. — Über die in Deutschland bestehenden Rübenzuckeraktiengesellschaften im einzelnen gibt das jährlich erscheinende „Handbuch der deutschen Aktiengesellschaften“ (A. Schumanns Verlag, Leipzig) Aufschluß. — Vgl. im übrigen West S. 99, 106, Wolff Z. S. 48 f., R.G. XVII 12.

[2] Näheres bei West S. 103 ff.

Einlage noch zu anderen Leistungen an die Gesellschaft verpflichtet werde. Es erhob sich mit anderen Worten die Frage, ob in Art. 219 das Prinzip der auf die Kapitaleinlage beschränkten Haftung des Aktionärs, also der Grundsatz ausgesprochen ist, daß die sämtlichen Mitglieder einer Aktiengesellschaft als solche nur zur Leistung der das Grundkapital zusammensetzenden und im voraus festbestimmten Kapitaleinlagen verbunden seien, daß jeder Aktionär nach Leistung seiner Kapitaleinlage von jeder Leistungspflicht gegenüber der Gesellschaft ein für allemal und ohne daß er auf das ihm hiernach zustehende Recht verzichten könnte, befreit sei,[1] oder ob der Art. 219 der statutarischen Auferlegung noch anderer mitgliedschaftlicher Leistungen als der Kapitaleinlage, insonderheit der Auferlegung einmaliger oder wiederkehrender Lieferung von Fungibilien neben den Kapitaleinlagen prinzipiell nicht entgegenstehe.

Wissenschaft und Praxis haben sich im Anschluß an die bei den Rübenzuckeraktiengesellschaften gegebenen Verhältnisse eingehend mit dieser Frage beschäftigt, ohne daß jedoch eine Übereinstimmung der Meinungen erzielt worden wäre. Und wenn auch durch die Rechtsprechung des Reichsgerichts, welche sich, von einigen Sonderfällen abgesehen, im großen ganzen für die Zulässigkeit und Rechtsbeständigkeit der statutarischen Rübenlieferungspflicht erklärt hat, wenigstens für die Praxis völlige Klarheit geschaffen war, so wurde doch weder die vom Reichsgericht versuchte Lösung der Frage, noch irgend ein anderer der im Sinne der Aufrechterhaltung der statutarischen Rübenlieferungspflicht unternommenen Konstruktionsversuche als durchaus befriedigend empfunden, noch etwa gar als juristisch richtig anerkannt.

Als man deshalb im Anschluß an die Schaffung des bürgerlichen Gesetzbuchs zur Revision des allgemeinen deutschen Handelsgesetzbuchs schritt, wurde der Grundsatz des Art. 219 in gewissem Sinne preisgegeben und mit ihm die dem Aktionär gegenüber der Aktiengesellschaft obliegende Leistungspflicht im Hinblick auf die bei den Rübenzuckergesellschaften hervor-

[1] Vgl. Lehmann S. 215 ff.

getretenen Schwierigkeiten grundsätzlich und tiefgreifend umgestaltet.

III. **Die Aufgabe.** Die vorliegende Arbeit hat sich zur Aufgabe gestellt, die Rechtssätze, welche der Nebenleistungsaktiengesellschaft,[1] d. h. also der Aktiengesellschaft, bei welcher der Aktionär außer zu der Kapitaleinlage noch zu anderen Leistungen an die Gesellschaft verpflichtet wird, eigentümlich sind, darzulegen, insbesondere die rechtliche Natur des Nebenleistungsverhältnisses zu bestimmen.

Um für die Beantwortung dieser Fragen eine Grundlage zu schaffen, werden der eigentlichen Darstellung einige Kapitel über allgemeine die Aktiengesellschaft betreffende Verhältnisse vorausgeschickt werden, welche gleicherweise für das alte und das neue Recht Geltung beanspruchen. Und zwar soll, da es sich nach der gestellten Aufgabe im wesentlichen um die Darstellung der den Aktionären der Nebenleistungsaktiengesellschaft zustehenden Rechte und obliegenden Pflichten handeln wird, zunächst auf deren Entstehung, damit auf die Entstehung der Aktiengesellschaft selbst und sodann auf den Rechtsgrund, das Wesen und den prinzipiellen Umfang dieser Rechte und Pflichten eingegangen werden.

In einem zweiten Teil sollen dann, da, wie noch zu zeigen ist, dem alten Rechte noch heute eine hervorragende praktische Bedeutung zukommt, die Grundzüge des alten Rechts und die mannigfachen Versuche, die bei den Rübenzuckeraktiengesellschaften den Aktionären auferlegten Nebenleistungen als rechtsgültig aufrecht zu erhalten, behandelt werden, während endlich der dritte Teil sich mit dem geltenden Recht beschäftigen wird.

---

[1] Der Ausdruck findet sich zuerst bei Wolff W.

Erster Teil.

Grundlagen.

§ 2.

Die Entstehung der Aktiengesellschaft.

I. **Die Feststellung des Statutenentwurfs.** Der erste Akt in dem Entstehungshergang der Aktiengesellschaft, dessen Endpunkt die Erlangung der Korporationsrechte darstellt, ist die Feststellung des Entwurfs eines Statuts, eines Grund- und Verfassungsgesetzes durch die Gründer. In diesem Statutenentwurf wird gemäß Art. 209, bezw. § 182 von mindestens fünf Personen, welche Aktien übernehmen und welche dadurch Gründer der Aktiengesellschaft werden, lediglich die Gesamtheit der für die zukünftige Aktiengesellschaft maßgebenden Verfassungsartikel, lediglich eine Summe von Normen festgestellt, welche nach Errichtung der Aktiengesellschaft zwischen den künftigen Aktionären und der künftigen Aktiengesellschaft Geltung haben sollen, welche aber als solche vorläufig schon deshalb noch keine Verbindlichkeit haben, weil die Personen, zwischen welchen die daselbst geregelten Rechtsverhältnisse Geltung haben sollen, als solche noch nicht bestimmt und bezeichnet sind. In diesem Satzungsentwurf wird festgelegt, unter welchen Daseinsmodalitäten die Aktiengesellschaft ins Leben treten soll, wie sich das gesamte korporative Leben der künftigen Gesellschaft entfalten soll und welche Rechte und Pflichten zwischen den künftigen Aktionären und der künftigen Gesellschaft bestehen sollen.

Für sich isoliert betrachtet ist dieser Feststellungsakt ein einseitiger Gesamtakt, d. h. ein Rechtsakt, bei dem ein Zusammenwirken mehrerer nötig ist, um einen Rechtseffekt zu erzielen, ohne daß aber die mehreren als Gegenkontrahenten zueinander in obligatorische Beziehungen träten, und zwar ein einseitiger Gesamtakt eben der Personen, welche das Statut feststellen, also der Gründer. Insbesondere kann keine Rede davon sein, daß dieser Feststellungsakt als Vertrag zwischen den Gründern anzusehen ist, denn eine Feststellungshandlung ist niemals ein Vertrag, wie ja auch in der Tat durch diese Feststellungshandlung als solche Rechte und Pflichten zwischen den Gründern nicht begründet werden.[1, 2, 3]

II. **Die Unterbringung der Aktien.** Nach der Feststellung des Satzungsentwurfes bedarf es nunmehr der Schaffung eines personenrechtlichen Substrats für die Aktiengesellschaft, der Unterbringung der auszugebenden Aktien auf Grundlage des Statutenentwurfs. In dieser Richtung findet, und das stellt im Werdegang der Aktiengesellschaft begrifflich das zweite Stadium dar, zunächst die Zeichnung bezw. die Übernahme des Grundkapitals statt.

Die auf den Erwerb der Aktien reflektierenden Personen erklären nämlich bei der Übernahme in gerichtlicher oder notarieller Verhandlung und bei der Zeichnung schriftlich durch den Zeichnungsschein, in jedem Falle aber durch einseitige und unbedingt bindende Willenserklärungen, daß sie in Gemäßheit des

---

[1] Vgl dazu: Renaud S. 297 ff., 330 ff., West S. 140 ff., Wolff Z. S. 26, Gierke G.Th. S. 133 ff., Endemann H.R. S. 200, Behrend S. 722, R.O.H. IV 58, XIII 122, XIV 356, Seuffert XXIV Nr. 1, Lehmann S. 310 ff., Bachmann S. 52 ff., Makower S. 368, Dernburg B.R. I S. 237. — Daß im Text von einem Statutenentwurf gesprochen wird, rechtfertigt sich wesentlich aus Art. 210a, § 196.

[2] Wenn Lehmann S. 322 ff. sagt, diese Feststellungshandlung erzeuge zunächst eine rechtliche Gebundenheit unter den Gründern selbst, indem sie sich durch die Feststellung des Statuts verpflichteten, gemeinsam tätig zu sein zur Herbeiführung aller der Bedingungen, die für die Schaffung der Aktiengesellschaft erforderlich werden (vgl. Renaud S. 222, Behrend S. 718 a. 8, 723 a. 2), so hat diese Gebundenheit mit der Feststellung als solcher gar nichts zu tun, sie ist weder Inhalt noch juristische Konsequenz derselben, wenn sie auch nebenher beabsichtigt sein mag.

[3] Auf Grund welcher Vereinbarungen, Rechtsverhältnisse usw. es zu dem Feststellungsakte kommt, hat für die Entstehung der A.G. unmittelbare Bedeutung überhaupt nicht. Die etwa zwischen den Gründern vor dem Feststellungsakt getroffenen Vereinbarungen stehen außerhalb des Gründungshergangs, haben lediglich interne obligatorische Wirkung zwischen den Gründern, während gerade die Statutenfeststellung die nach außen in die Erscheinung tretende Bedeutung eines auf Erzeugung der Korporation gerichteten einseitigen Schöpfungsaktes hat. Vgl. West S. 141, Gierke G.Th. S. 128 ff., Lehmann S. 322, Staub S. 564 f.

Statutenentwurfs, bezw. der Grundbedingungen desselben, mit einer bestimmten Anzahl Aktien Mitglieder der Aktiengesellschaft werden wollen. Und zwar äußert die in der Zeichnung bezw. Übernahme enthaltene Willenserklärung ein jeder für sich; sie ist weder ein Vertrag, noch ein einen Vertrag anbahnender Akt, sondern eine einseitige auf Erlangung der Mitgliedschaft in der künftigen Gesellschaft gerichtete Willenserklärung. Weil aber die Übereinstimmung des Inhalts aller dieser Willenserklärungen eine Bedingung für das Zustandekommen der Körperschaft ist, so hat die Gesamtheit der Erklärungen zugleich die weitergehende Bedeutung, daß die Mitglieder durch einen einseitigen Gesamtakt den übereinstimmenden Willen betätigen, Mitglieder der Korporation werden zu wollen. So stellt sich also auch — denn die Annahme der Zeichnung durch die Gründer hat lediglich sekundäre Bedeutung — die Unterbringung der Aktien als ein einseitiger Gesamtakt dar.[1]

III. **Die Errichtung der Aktiengesellschaft.** Sind sämtliche Aktien gezeichnet bezw. übernommen, so sind nunmehr die künftigen Aktionäre in der Lage, die Aktiengesellschaft auf Grundlage des Statutenentwurfs und des Aktiengesetzes als selbständiges Rechtssubjekt in ihrer Totalität ins Leben zu rufen. Dies bedeutet den dritten Akt im Entstehungshergang der Aktiengesellschaft, ihre Errichtung. Diese Errichtung geschieht wiederum durch einen einseitigen konstituierenden Gesamtakt, indem die Zeichner die Errichtung der Gesellschaft auf Grund des Aktien-

---

[1] Bemerkt sei, daß die Feststellung des Statuts und die Unterbringung der Aktien in einen einzigen Akt zusammenfallen kann, nämlich wenn die Gründer entweder alle oder einen Teil der Aktien gleich bei der Feststellung des Statuts übernehmen. Daraus folgt aber natürlich noch nicht die begriffliche Einheit der beiden Akte. — Vgl. im übrigen Art. 209 Abs. 1, 209d Abs. 2, 209e, §§ 182 Abs. 1, 188 Abs. 2, 189, ferner Renaud S. 242 ff., Gierke G.Th. S. 124 a. 2, 133 a. 2, Gierke in Jherings Jahrbüchern XXXV S. 181, Behrend S. 725, 738, Schmidt bei Holdheim I S 291 ff., R.G. IX 38, XVIII 66 f., XXVIII 76, Lehmann S. 335 ff., 348 ff., Dernburg B.R. I S. 165. — Über die Rechtsnatur der Übernahme und Zeichnung vgl. Ring S. 176 f., 219 ff., 260, Hergenhahn S. 54, 57, Petersen-Pechmann S. 342, Völderndorff S. 332, Wolff Z. S. 32 a. 15, Behrend S. 737.

gesetzes nach Maßgabe des Statutenentwurfs beschließen, damit den Statutenentwurf zum Statut erheben, sich und die mit diesem Beschluß entstehende Aktiengesellschaft, sowie das ganze korporative Leben dem Gesetze und diesem Statut unterwerfen und alle gesellschaftlichen Rechte und Pflichten der Gesellschaft und der Aktionäre entstehen lassen. Durch diesen einseitigen Gesamtakt lebt der ganze von langer Hand vorbereitete Organismus unter den in Gesetz und Statut gegebenen Daseinsmodalitäten, die seine Handlungsfähigkeit beschränken, als selbständiges soziales Lebewesen auf, vor allem existiert jetzt auch die Aktiengesellschaft als selbständiges Rechtssubjekt.[1]

IV. **Die Entstehung der Aktiengesellschaft.** Als vierter Akt endlich in dem Entstehungshergang der Aktiengesellschaft erscheint im deutschen Aktienrecht noch die Entstehung der Aktiengesellschaft, die sich durch Eintragung in das Handelsregister vollzieht.

V. **Resultat.** Nach alledem ergibt sich, daß sich die Entstehung der Aktiengesellschaft in vier verschiedenen Rechtsakten abspielt. Erwähnt wurde bereits, daß an diesem Ergebnis begrifflich dadurch nichts geändert wird, daß bei der Simultangründung die Feststellung des Statuts, die Unterbringung der Aktien und die Errichtung der Gesellschaft in einen einzigen Akt zusammenschmelzen, die Begründung der Aktiengesellschaft sich also äußerlich nur in zwei Akten abwickelt; denn auch in diesen zwei Akten sind juristisch die dargestellten vier Entstehungsakte vollständig enthalten.

Entscheidend aber ist jedenfalls, daß sich, von der Eintragung abgesehen, alle diese Entstehungsakte als einseitige Gesamtakte teils sämtlicher, teils eines Teils der künftigen Aktionäre darstellen, woraus wiederum folgt, daß insbesondere die Ent-

---

[1] Naturgemäß steht auch der Umstand, daß die Errichtung der A.G. mit der Statutenfeststellung und Aktienunterbringung ihrerseits wieder zusammenfallen kann (vgl. Art. 209d Abs. 1, § 188 Abs. 1), mit der hier durchgeführten Scheidung nicht im Widerspruch. — Vgl. im übrigen: Renaud § 33, Wiener in Z. XXIV S. 57 ff., Behrend §§ 100, 106, Gierke G.Th. S. 164 a. 1, Ring und Staub 3. u. 4. Aufl. zu Art. 209d, 210a, Dernburg B.R. I S. 237.

stehung der Rechte und Pflichten der Aktionäre bezw. der Aktiengesellschaft als einseitige Begründung von Pflichten, bezw. als einseitige Zuerteilung von Rechten erscheint.[1]

§ 3.

Gesellschaftliche und nichtgesellschaftliche Rechte und Pflichten.

I. **Allgemeines.** Obwohl die Aktiengesellschaft nur auf Grund ihres Personensubstrats existiert, so folgt doch aus ihrer heute allgemein anerkannten juristischen Persönlichkeit,[2] daß zwischen der Aktiengesellschaft einerseits und ihren Aktionären andererseits als zwischen selbständigen Personen gegenseitige Rechte und Pflichten bestehen können.

Und zwar sind diese Rechte und Pflichten teils gesellschaftliche und teils nichtgesellschaftliche. Ihren Grund findet diese Scheidung darin, daß bei der Aktiengesellschaft, wie bei jeder mit eigener Rechtspersönlichkeit begabten Personenvereinigung, zwei verschiedenartige, selbständige Rechtskreise bestehen, von denen der eine als sogenannte Individualrechtssphäre die Rechte und Pflichten, die dem Aktionär bezw. der Gesellschaft außerhalb des aktienrechtlichen Verhältnisses zustehen, begreift, der andere dagegen als sogenannte Sozialrechtssphäre durch die den Mitgliedern bezw. der Gesellschaft als solchen kraft ihrer gemeinheitlichen Beziehungen zukommenden Rechte und Verbindlichkeiten gebildet wird.

---

[1] Über die Entstehung der A.G. vgl.: Renaud S. 216 ff., 300 ff., Lippmann S. 135, 138 f., 146 f., 185, Laband in Z. XXX S. 469 ff., 482, Gareis-Fuchsberger S. 396 ff., Ring S. 148, 173, 219, 259, 277, Thöl S. 429, 440 ff., Petersen-Pechmann S. 28, 48, 61, 331, 343, Behrend S. 437, 698, 717, 722, Meurer S. 212 f., Endemann H.B. S. 523 ff., 539 ff., 556, Gierke G.Th. S. 24, 114, 120, 127, 129 a.2, 133 ff., Makower S. 388 f., Staub S. 556 ff., Alexander S. 15 ff., Bülow S. 6, 16 ff., Dernburg B.R. I S. 234 ff., Gareis Lehrbuch 7. Aufl. S. 119 ff., 193.

[2] Vgl. Renaud S. 176, Ring S. 147, Behrend S. 444, Gierke G.Th. S. 38 ff., 176 ff., Laband in Z. XXX S. 469 ff., Thöl S. 411, 466, Puchelt S. 441 ff., Dernburg Preuß. Privatrecht Bd. II S. 225, 229, R.G. II 400, III 55, VI 71, VII 69, Lehmann S. 136 ff., 227 ff., 241 ff., 249 ff., Dernburg B.R. Bd. I S. 226, Bd. II 2. Abt. S. 536, Bachmann S. 1, 2, 54, Staub S. 633 ff., Meurer S. 102 f.

II. **Die nichtgesellschaftlichen Rechte und Pflichten.** Die von der Individualrechtssphäre umschlossenen nichtgesellschaftlichen Rechte und Pflichten anlangend, so sind dieselben nach dem vorausgegangenen für die Aktiengesellschaft und die Aktionäre gleichsam als für einander unverbunden gegenüberstehende dritte Personen ohne Rücksicht auf ihr aktienrechtliches Verhältnis, außerhalb der gliedmäßigen und gemeinheitlichen Beziehungen, im Bereiche des reinen Individualrechts, dessen Träger die Aktionäre und die Aktiengesellschaft als in sich geschlossene und selbstständige Willenseinheiten sind, begründet. Sie haben begrifflich das aktienrechtliche Verhältnis nicht zur Voraussetzung und bestehen sie auch zwischen den Aktionären und der Aktiengesellschaft, so könnten sie doch auch gleicherweise zwischen anderen nicht von dem aktienrechtlichen Verhältnis umschlossenen Personen begründet sein. Meist beruhen sie denn auch gar nicht auf aktienrechtlichen Beziehungen der Gesellschaft und ihrer Mitglieder, sondern auf allgemeinen, außerhalb des Aktiengesetzes niedergelegten Rechtssätzen, auf kontraktlichen oder quasikontraktlichen, auf deliktischen oder quasideliktischen Berechtigungs- und Verpflichtungsgründen.

Doch ist dies nicht nötig. Es können nämlich auch aus der Aktionäreigenschaft nichtgesellschaftliche oder Gläubigerrechte entstehen. Dieselben haben dann zwar ihren letzten Grund im Aktienrecht, entspringen aus der Mitgliedschaft, sind Ausflüsse der Aktionärbeteiligung, finden wohl auch im Statut Erwähnung und Regelung, in dem Augenblick aber, in dem sie aus dem Stadium der der Korporationsgewalt unterworfenen Anwartschaft auf künftige Rechte heraustreten, in dem Moment der Entstehung bezw. des Fälligwerdens konkreter Rechtsansprüche lösen sich dieselben aus der Mitgliedschaft los, scheiden aus dem Herrschaftsbereiche der Gesellschaft und der Aktionäre aus und erwachsen zu selbständigen Gläubigerrechten in dem Sinne, daß sie zwar zunächst in der Person des Aktionärs, oder auch des früheren Aktionärs, oder gar eines Dritten entstehen, unter allen Umständen aber auch beim Verlust der Aktionäreigenschaft oder im Falle ihrer Abtretung an eine dritte Person fortbestehen, also von der Aktionärbeteiligung unabhängig geworden sind. Dahin gehören vor allem die Ansprüche auf Dividende, auf fällige Bauzinsen, auf die Liquidationsquote, sowie der Anspruch auf die festgestellte, bezw. feststehende, jedenfalls aber fällige Vergütung für wiederkehrende, nicht in Geld bestehende Leistungen.[1]

III. **Die gesellschaftlichen Rechte und Pflichten.** Was auf der anderen Seite die gesellschaftlichen Rechte und Pflichten anlangt, so sind dieselben nach dem vorausgegangenen begrifflich nur zwischen der Aktiengesellschaft und den Aktionären in dieser ihrer Eigenschaft als organisch zusammengefügten Personen und niemals zwischen der Aktiengesellschaft bezw. den Aktionären und dritten Personen möglich. Es sind die zwischen der Verbandsperson und den in ihr verbundenen Personen kraft dieses Verbundenseins erzeugten spezifischen Rechte und Pflichten, deren Rechtsgrund infolgedessen, im Gegensatz zu den nichtgesellschaftlichen Beziehungen, nicht in individualrechtlichen Titeln gegeben ist, sondern vielmehr unmittelbar in der Verfassung der Aktiengesellschaft als solcher zu finden ist.

Da nun die Verfassung der Aktiengesellschaft durch das Aktiengesetz in Verbindung mit dem Statut dargestellt wird,[2] mit der Maßgabe, daß außerhalb des Statutes bezw. des Gesetzes aktienrechtliche Verhältnisse eine Begründung weder finden, noch auch finden können, so ergibt sich daraus, daß insbesondere die gesellschaftlichen Rechte und Pflichten notwendig im Gesetz bezw. im Statut ihre Begründung erfahren müssen und außerhalb des Statuts und Gesetzes nicht begründet werden, insbesondere also auch nicht auf vertraglicher Grundlage, etwa, wie vielfach angenommen worden ist, auf einem Gesellschaftsvertrag der Aktionäre untereinander oder auf einem Vertrag

---

[1] Vgl. R.O.H. VI Nr. 4, XVII Nr. 35, R.G. IL S. 16, Bachmann S. 1f., 9 f., 180, Sievers in Jur. Ztg. VIII S. 88, Staub zu § 213 a.10, zu § 250 a.9.

[2] Fast regelmäßig überläßt das Aktiengesetz, welches übrigens einige gesellschaftliche Pflichten und Rechte absolut (vgl. Art. 219, 221 Abs. 2, §§ 211, 252 usw.), andere lediglich dispositiv (vgl. Art. 184 Abs. 2, Art. 217 Abs. 2, §§ 212, 215 Abs. 2, 216, 218 Abs. 2) regelt, die näheren ausführenden Bestimmungen über die gesellschaftlichen Rechte und Pflichten dem Statut. Vgl. aber Art. 221 Abs. 2, § 252.

zwischen der Aktiengesellschaft und den Aktionären beruhen können.[1, 2]

IV. **Ausschließlichkeit des Statuts.** Ergibt sich sonach aus der rechtlichen Natur der gesellschaftlichen Pflichten und Rechte, daß dieselben stets auf das Statut bezw. das Gesetz zurückgehen und grundsätzlich auf etwaigen außerhalb des Statuts bezw. des Gesetzes getroffenen Vereinbarungen nicht beruhen können, so erhebt sich — mit Rücksicht auf später darzustellende Verhältnisse soll die Frage nur in diesem Umfang gestellt werden — des weiteren die Frage, ob insbesondere vertragsmäßige Rechte und Pflichten als solche im Statut gültig begründet werden können, mit anderen Worten, ob mit der Inkraftsetzung des Statuts zugleich zwischen der Gesellschaft und den Aktionären als Drittkontrahenten ein nichtgesellschaftliche Rechte und Pflichten

---

[1] Damit steht nicht in Widerspruch die Möglichkeit, daß das Statut die gesellschaftlichen Rechte und Pflichten nicht bis in alle Einzelheiten regelt, sondern nur *in complexu* begründet, und daß zur Erfüllung statutarisch schon begründeter Pflichten, bezw. Verwirklichung nach dem Statut schon bestehender Rechte, noch anderweite Vereinbarungen zwischen A.G. und Aktionären, oder einseitige Bestimmungen der A.G. nötig und statthaft sind; denn der Rechtsgrund der solchermaßen zu spezialisierenden und präzisierenden gesellschaftlichen Rechte und Pflichten bleibt noch immer das Statut.

[2] Die Frage, ob sämtliche gesellschaftliche Rechte und Pflichten im Statut normiert sein müssen, oder ob solche Rechte und Pflichten auf Grund gesetzlicher Gestattung durch besondere Vereinbarungen bezw. Bestimmungen, ohne Aufnahme ins Statut zu finden, definitiv zwischen A.G. und Aktionären begründet werden dürfen, ist für Rechte und Pflichten verschieden zu beantworten. — Gestattet das Gesetz nämlich, wie z. B. in §§ 212, 218 Abs. 2, Art. 184 Abs. 2, daß dem Aktionär gesellschaftliche Pflichten auferlegt werden dürfen, so verlangt es stets deren Statuierung im Statut, während das Gesetz im Fall, daß dem Aktionär gesellschaftliche Rechte zuerkannt werden dürfen (vgl. §§ 216, 215 Abs. 2, Art. 217 Abs. 2), eine statutarische Regelung nicht fordert. Man darf daraus schließen, daß die sämtlichen gesellschaftlichen Pflichten des Aktionärs im Statut Erwähnung und Regelung finden müssen, daß es aber möglich ist, daß dem Aktionär gesellschaftliche Rechte zustehen, welche zwar in ihrem Rechtsgrund auf das Gesetz zurückgehen, im Statut aber keine Erwähnung finden, sondern unmittelbar auf Grund gesetzlicher Gestattung durch besondere Vereinbarungen begründet werden.

begründender, außerhalb des Aktienrechts stehender, formell, nicht aber materiell, als statutarische Bestimmungen sich darstellender Vertrag geschlossen werden kann.

Wäre das möglich, so müßte, von anderen, noch zu behandelnden Bedenken abgesehen, der Abschluß des Vertrags durch denselben Akt zustande kommen, durch den die gesellschaftlichen Rechte und Pflichten begründet werden und das ganze Statut in Kraft gesetzt wird, also durch einen einseitigen Gesamtakt der Personen, welche durch denselben Aktionäre der ins Leben tretenden Aktiengesellschaft werden.

Dies ist aber nach den allgemeinen Rechtsgrundsätzen undenkbar, denn vertragsmäßige Rechte und Pflichten entstehen durch eine Willenseinigung zwischen mehreren Personen über die Gestaltung subjektiver Rechtsverhältnisse und von einer solchen Willenseinigung zwischen zwei Vertragsparteien kann bei der Inkraftsetzung des Statuts nicht die Rede sein.

Es ist sonach unmöglich, daß mit Errichtung der Aktiengesellschaft, bezw. mit der Inkraftsetzung des Statuts, mit welcher die statutarischen Rechte und Pflichten als gesellschaftliche aufleben, zwischen der Aktiengesellschaft und ihren Mitgliedern durch einen gleichzeitig abgeschlossenen Vertrag Rechte und Pflichten begründet werden. Das Statut darf vielmehr nur gesellschaftliche Rechte und Pflichten und selbstverständlich nur die gesetzlich erlaubten gesellschaftlichen Rechte und Pflichten regeln; dementsprechend sind gültig durch das Statut begründete Rechte und Pflichten eo ipso, schon weil sie im Statut geregelt sind, gesellschaftliche Rechte und Pflichten.

Werden deshalb in den Statutenentwurf Bestimmungen über Rechte und Pflichten aufgenommen, welche nach dem Gesetz als gesellschaftliche nicht begründet werden dürfen und welche mit der Inkraftsetzung des Statuts vertragsmäßig zustande kommen sollen, so werden diese Rechte und Pflichten bei der Errichtung der Gesellschaft gültig nicht mit begründet; denn als vertragsmäßige können sie begrifflich und als gesellschaftliche können sie gesetzlich nicht zustande kommen. Während das Statut im übrigen natürlich Gültigkeit erlangt, sind die Bestimmungen der erwähnten Art nach Errichtung der Gesellschaft ungültige und unverbindliche Bestandteile des Statuts.[1]

§ 4.
Der Zweck der Aktiengesellschaft und der begriffliche Umfang der Haftung des Aktionärs.

I. **Die Ansicht des Reichsgerichts.** Das Reichsgericht führt in einem im 49. Bande seiner Entscheidungen abgedruckten Erkenntnisse auf S. 79 aus, daß das Wesen der Aktiengesellschaft nach den Artt. 207, 219, wie nach den §§ 178, 211 f. in der Vereinigung von Vermögen oder vermögensrechtlichen Leistungen zu den Zwecken der Gesellschaft bestehe und daß der Zweck der Gesellschaft, zwar nicht bloß ein eigennütziger der Aktionäre, sondern auch ein gemeinnütziger, aber immer nur ein Zweck sein könne, der durch Vermögen oder vermögensrechtliche Leistungen erreicht werden könne, denn nach dem Begriff der Aktiengesellschaft erschöpfe sich die Verpflichtung des Aktionärs in vermögensrechtlichen Leistungen.

Das Reichsgericht konfundiert in diesen Ausführungen die Frage: welche Zwecke kann die Aktiengesellschaft verfolgen?, mit der ganz anders gearteten: in welchem Umfange kann die Aktiengesellschaft zur Erreichung ihrer Zwecke ihre Mitglieder zur Mitarbeit und Unterstützung heranziehen? Beide Fragen haben miteinander gar nichts zu tun, denn eine Korporation braucht sich zur Erreichung ihrer Zwecke durchaus nicht ihrer Mitglieder, sie kann sich vielmehr sehr wohl dritter Personen, ihrer Angestellten oder Organe bedienen und sie tut dies heute auch, wie von jeher, in weitem Umfange. Der Umstand, daß die Verpflichtung des Aktionärs sich in vermögensrechtlichen Leistungen erschöpft, ist also noch kein Kriterium für das Wesen des Zweckes der Aktiengesellschaft.

---

[1] Vgl. West S. 107, Ring 1. Aufl. zu Art. 183b 3, R.S. XXI 152, Lippmann S. 155, Wolff Z. S. 24, 26, 29, Wolff A. S. 322, 329 ff., Willenbücher S. 219, Cosack 3. Aufl. S. 645, Gareis Lehrb. 5. Aufl. S. 276 Anm., Lehmann S. 220, Dernburg B.R. Bd. I S. 292.

II. **Der Zweck der Aktiengesellschaft.** Bei Beantwortung der Frage, welche Zwecke die Aktiengesellschaft haben könne, hat man vielmehr im Gegensatz zum Reichsgericht, wie dies auch allgemein geschieht, nicht von den Leistungen des Aktionärs, sondern davon auszugehen, daß die Aktiengesellschaft nach deutschem Aktienrecht ein Rechtsinstitut von allgemeiner Bedeutung ist und grundsätzlich jeden gesetzlich erlaubten Zweck, also nicht bloß kommerzielle und kapitalistische Tendenzen, sondern, wie jede andere handlungsfähige Person, auch ideale, insbesondere religiöse, gesellige, künstlerische, politische Zwecke verfolgen kann.[1]

III. **Die Haftung des Aktionärs.** Läßt aber sonach der Gesetzgeber der Aktiengesellschaft diese Freiheit, so müßte grundsätzlich — soll dieselbe in Wirklichkeit nicht sehr illusorisch sein — die Aktiengesellschaft auch in der Lage sein, zur Erreichung des gewählten Zweckes alle dienlichen Mittel sich dienstbar zu machen, insonderheit andere Mittel, als Vermögen anzuwenden und die Erreichung des Zweckes z. B. mit bestimmten persönlichen Qualifikationen gewisser Personen anzustreben. Es müßte ihr insbesondere prinzipiell auch gestattet sein, ihre Mitglieder als solche durch Auferlegung gesellschaftlicher Pflichten in unumschränkten Umfang zur Erreichung des Gesellschaftszweckes heranzuziehen und ihnen auch gesellschaftliche Pflichten nichtvermögensrechtlicher Art, etwa unter Ausnutzung ihrer persönlichen Qualifikation, aufzuerlegen. Das Aktienrecht schränkt aber — und zwar tut es dies regelmäßig ausdrücklich durch eigens diesem Zwecke dienenden Rechtssatz und muß dies angesichts des oben dargelegten Grundsatzes auch ausdrücklich tun — aus wichtigen Zweckmäßigkeitsgründen diese prinzipielle Fähigkeit der Aktiengesellschaft in einer bestimmten Richtung auf das

---

[1] Vgl. Lehmann S. 141, 145, 158, 242, 254, 266 ff. und die dort Zitierten. Ferner R.G. IL 79, XVII 13, XXVI 89, Fischer S. 7 a 2. — Nach dem obigen muß also der A.G. grundsätzlich auch erlaubt sein, z. B. einen bestimmten individuellen oder nur von bestimmten Einzelpersonen zu erreichenden oder nur solchen dienenden Zweck zu verfolgen, a. M. R.G. IL 79. Jedoch widerspricht sich das Reichsgericht a. a. O. sofort, wenn es meint, mit der vinkulierten Namensaktie gebe das Gesetz der A.G. ein Mittel an die Hand, „ihren Bestand mit einem gewissen Personenkreis zu verbinden".

empfindlichste ein. Es verbietet nämlich der Aktiengesellschaft, die Aktionäre als solche zur Erreichung ihrer Zwecke, wozu richtigerweise auch die Erfüllung der Gesellschaftsverbindlichkeiten gehört, in ungemessenem und willkürlichen Umfange heranzuziehen und schränkt vielmehr die Möglichkeit, die Aktionäre zu gesellschaftlichen Leistungen an die Gesellschaft zu verpflichten, mehr oder minder ein.

Das so geschaffene, auch in allen außerdeutschen Aktiengesetzgebungen wiederkehrende, bald enger bald weiter durchgeführte, stets aber ausdrücklich ausgesprochene Prinzip der beschränkten Haftung des Aktionärs berührt aber prinzipiell, von tatsächlichen Einflüssen abgesehen, das Wesen des Zweckes der Aktiengesellschaft nicht, was namentlich darin seinen Ausdruck findet, daß der allgemeine Grundsatz, daß die Aktiengesellschaft ihre Mitglieder grundsätzlich unumschränkt verpflichten dürfe, immer noch insoweit Geltung verlangt, als die positiv rechtlichen Normen über die beschränkte Haftung keine Beschränkung dieses Grundsatzes bedeuten. Wir gelangen mit anderen Worten zu dem Ergebnis, daß die Aktiengesellschaft ihre Mitglieder zur Erreichung ihrer Zwecke soweit in Anspruch nehmen darf, als das Gesetz nicht ausdrücklich Einschränkungen trifft. Auf jeden Fall aber erscheint es höchst bedenklich, aus angeblich im Aktiengesetz latent enthaltenen Grundsätzen oder aus der begrifflichen Struktur der Aktiengesellschaft oder gar der beschränkten Haftung der Aktionäre eine grundsätzliche Beschränkung der Zwecke der Aktiengesellschaft herzuleiten.[1]

§ 5.

Die Einflussphäre der Generalversammlung.

Die Generalversammlung ist das oberste Willensorgan der Aktiengesellschaft. Sie kann — natürlich unter Beachtung der für ihre Beschlußfassung geltenden gesetzlichen und statutarischen

[1] Vgl. Bachmann S. 74 f., D. S. 132, Cosack Lehrb. d. bürg. Rechts, 3. Aufl. Bd. I S. 110, Lehmann S. 141, Ring in Busch A. S. 115, R.G. XXI 148 ff., XXVI 89, Wolff A. S. 322, Wolff Z. S. 20 ff., Wolff W. S. 337, Gierke G.Th. S. 631 ff., Ring S. 410, Lippmann S. 192.

Vorschriften — grundsätzlich alles bindend beschließen, was ihrer Zuständigkeit nicht ausdrücklich durch das Gesetz oder das Statut entzogen ist.[1] Schon allein durch das Gesetz aber werden ihr zum Teil recht enge Grenzen gezogen.

I. **Die Pflichten des Aktionärs und die Generalversammlung.** Die Heranziehung des Aktionärs zu gesellschaftlichen, den Zwecken der Gesellschaft dienenden Leistungen anlangend, so ist bereits dargelegt worden, daß das Gesetz in dieser Beziehung das Prinzip einer in bestimmtem Sinne beschränkten Haftung proklamiert, welches natürlich, wie für die übrigen Organe der Gesellschaft, auch für die Generalversammlung unantastbar ist.

Desgleichen ist natürlich der Grundsatz des deutschen Aktienrechts, daß der Aktionär der Gesellschaft zu Leistungen nur insoweit verpflichtet ist, als er Verpflichtungen gegen sie ausdrücklich übernommen hat und daß dem Aktionär eine Verpflichtung über die so übernommenen Leistungen hinaus nur mit seiner Zustimmung auferlegt werden kann, auch für die Generalversammlung verbindlich.

Wird durch diese beiden Grundsätze die Beschlußgewalt der Generalversammlung hinsichtlich der Auferlegung gesellschaftlicher Verpflichtungen zu Lasten des Aktionärs wesentlich eingeschränkt, so wird man im übrigen die Frage, ob die gesellschaftlichen Verpflichtungen des Aktionärs im einzelnen den Mehrheitsbeschlüssen der Generalversammlung unterworfen sind, unbeschadet gewisser, namentlich für die Kapitaleinlageverpflichtung aufgestellter Rechtssätze grundsätzlich bejahen müssen.[2]

II. **Die Rechte der Aktionäre und die Generalversammlung.** Was andererseits die Rechte der Aktionäre gegen die Aktiengesellschaft betrifft, so kann hier von einer beschränkten Haftung der Aktiengesellschaft den Aktionären gegenüber, in dem Sinne, wie eine beschränkte Haftung der Aktionäre besteht, nicht die Rede sein. Dem Aktionär können vielmehr gegen die Aktiengesellschaft grundsätzlich unbeschränkte Rechte jeder Art ein-

---

[1] Vgl. Gierke G.Th. S. 691, Pinner S. 177, B.G.B. § 32, H.G.B. § 250ff.

[2] Vgl. §§ 188, 178, 182 Abs. 2 Z. 3, 184, 262 Abs. 3; Art. 207, 209 Abs. 2 Z. 3, 909a Abs. 2.

geräumt werden und nur einige Prohibitivgesetze, welche, im Gegensatz zu den Mitverwaltungsrechten, die vermögensrechtlichen Ansprüche der Aktionäre bei bestehenden Gesellschaften beschränken, sind zum Schutze der Aktiengesellschaft in den Art. 216, 217, 203b und den §§ 213, 215, 216, 186 aufgestellt.

Desgleichen fehlt ein Grundsatz, der etwa die Auferlegung oder Erschwerung von der Gesellschaft obliegenden Pflichten, also die Begründung von Rechten für die Aktionäre von der Einstimmigkeit des obersten Organs der Gesellschaft abhängig machte.

Andererseits unterliegen aber keineswegs alle den Aktionären zustehenden Rechte der Beschlußgewalt der Generalversammlung. Im einzelnen hat in dieser Hinsicht folgendes zu gelten.

1. Die nichtgesellschaftlichen Rechte. Was zunächst die nichtgesellschaftlichen Rechte oder die Gläubiger- oder Drittrechte, wie sie auch genannt werden, anlangt, so ergibt sich aus ihrer Natur als außerhalb des aktienrechtlichen Verhältnisses stehender Rechte mit Notwendigkeit, daß dieselben der Beeinträchtigung durch die Korporationsgewalt entzogen sind, insbesondere daß sie einer einseitigen Veränderung oder Aufhebung durch die Organe der Gesellschaft, insbesondere der Generalversammlung nicht unterworfen sind.[1]

2. Die gesellschaftlichen Rechte. Dagegen unterliegen die gesellschaftlichen oder Mitgliedschaftsrechte, wie sie das B.G.B. in § 38 nennt, wenigstens teilweise einer Majorisierung durch die Generalversammlung. Zur Darlegung dieser Verhältnisse im einzelnen bedarf es jedoch einer dreifachen Scheidung. Die Mitgliedschaftsrechte zerfallen nämlich ihrerseits wieder in sog. allgemeine Mitgliedschaftsrechte, in Gattungs- und in Sonderrechte.

a) Die sog. allgemeinen Mitgliedschaftsrechte stehen allen Aktionären gleichmäßig zu. Sie sind teils, wie das Stimmrecht, kraft gesetzlicher Vorschrift unentziehbar, teils verzichtbar. Schon daraus ergibt sich, daß sie nicht in allen Fällen abänderlich sind. Sind sie es aber, so genügt zu ihrer Abänderung ein bloßer Mehrheitsbeschluß der Generalversammlung (vgl. R.G. XXII S. 114); die Zustimmung der einzelnen Beteiligten ist in solchem Falle

[1] Vgl. Staub zu § 250 a. 9.

entbehrlich, wenn nur, worauf allerdings dem Aktionär ein unentziehbares, wenn auch verzichtbares Recht zusteht,[1] die Abänderung alle Aktionäre gleichmäßig trifft. Diese allgemeinen Mitgliedschaftsrechte sind die Regel, zu ihnen gehören alle Rechte, welche nicht ausdrücklich zu Gattungs- oder Sonderrechten erklärt sind. Namentlich fallen die in §§ 250, 254, 266, bzw. in den entsprechenden Artikeln erwähnten Rechte darunter.

b) Dementgegen stehen die Gattungsrechte nur einer bestimmten Gruppe von Aktionären als einer in sich geschlossenen Gesamtheit zu, während die übrigen Aktionäre dieser Rechte entbehren. Zur Abänderung der Gattungsrechte genügt weder ein Mehrheitsbeschluß der Generalversammlung sämtlicher Aktionäre, noch bedarf es andererseits der Zustimmung aller einzelnen Aktionäre. Erforderlich ist gemäß Art. 215 Abs. 6, bzw. § 275 Abs. 3 vielmehr, daß sich die durch den allgemeinen Abänderungsbeschluß benachteiligte Gruppe der Aktionäre zu einer besonderen Generalversammlung vereinigt und daß diese Sondergeneralversammlung dem Beschluß der allgemeinen Generalversammlung mit einer Dreiviertelmajorität zustimmt.

c) Die Sonderrechte endlich sind Rechte einzelner im Statut bestimmt bezeichneter Aktionäre, welche den betreffenden Aktionären in dieser ihrer Eigenschaft und kraft eigenen Rechts zustehen. Eine Folge des Zustehens kraft eigenen Rechts ist die, daß das Sonderrecht nicht durch den Willen anderer, insbesondere auch nicht durch einen selbst den Grundsatz der Gleichberechtigung wahrenden Mehrheitsbeschluss entzogen werden, sondern nur mit ausdrücklicher Zustimmung des bevorrechtigten Aktionärs abgeändert werden kann. Hervorgehoben sei noch, daß Sonderrechte nicht nur durch Gesetz, sondern auch willkürlich durch Satzung[2] geschaffen werden. Die Frage, wann ein Recht als Sonderrecht zu betrachten ist, kann nur im Einzelfalle durch Auslegung festgestellt werden. Jedenfalls ist aber bei der Interpretation zu berücksichtigen, daß das H.G.B. auf dem Stand-

---

[1] Vgl. R.G. XXX 58, Cosack 5 Aufl. S. 645, Lehmann bei Kohler und Ring IX S. 297.

[2] Art. 209a Nr. 4, § 185.

punkt steht, daß die Grenze der als gesellschaftlich geltenden Angelegenheiten, innerhalb deren sich der Einfluß der Generalversammlung betätigt, bei der Aktiengesellschaft nicht zu eng gezogen werden darf.[1]

Zweiter Teil.

Das alte Recht.

§ 6.

Einleitung.

Schon eingangs wurde erwähnt, daß unter der Herrschaft des alten Rechts, bereits Ende der sechziger Jahre Bedenken laut geworden waren, ob denn die Statutenbestimmungen der Rübenzuckeraktiengesellschaften, welche den Aktionär außer zu der Kapitaleinlage noch zur jährlichen Lieferung von Rüben verpflichteten, im Hinblick auf Art. 219, wonach die Verpflichtung des Aktionärs, zu den Zwecken der Gesellschaft und zur Erfüllung ihrer Verbindlichkeiten beizutragen, durch den Nenn- bzw. Ausgabebetrag der Aktie begrenzt war, gültig und rechtsverbindlich seien. Entgegen der späterhin ebenfalls vertretenen Meinung, daß diese statutarische Rübenlieferungs- wie jede andere Nebenleistungspflicht mit Art. 219 nicht vereinbar sei und die diesbezüglichen Statutenbestimmungen deshalb nichtig seien, wurden nun unter dem alten Recht, namentlich Ende der achtziger Jahre sowie in der Folgezeit, zahlreiche Versuche unternommen, um die Rechtsbeständigkeit der Statutenbestimmungen über derartige Nebenleistungspflichten darzutun.

Und zwar gingen die einen von denen, welche die statutarische Nebenleistungspflicht als rechtsverbindlich aufrecht erhalten zu können glaubten, auf dem positiven Aktienrecht fußend,

---

[1] Vgl. Bachmann, Sonderrechte, insbes. S. 180f., Cosack 6. Aufl. S. 595, Cosack 5. Aufl. S. 642 ff., Pinner zu § 250 III 2 a, D. S. 143f., Staub S. 756ff., Lehmann bei Kohler und Ring IX S. 297 ff., Gareis, Lehrb. 7. Aufl. S. 245ff., Dernburg B.R. Bd. I S. 182 ff., Lehmann S. 190 ff., 297, Makower, S. 545 ff., Lippmann S. 203 ff., Behrend S. 797 ff., B.G.B. § 35.

davon aus, daß der Art. 219 das Prinzip der beschränkten Haftung in dem Sinne, daß die Pflichten des Aktionärs als solchen der Gesellschaft gegenüber unter allen Umständen sich in der Verpflichtung zur Leistung des Aktienbetrags erschöpfen, gar nicht enthalte, daß es vielmehr mit Art. 219 sehr wohl vereinbar sei, daß dem Aktionär als solchem noch andere gesellschaftliche Leistungen als die Kapitaleinlage, insbesondere Rübenlieferungen auferlegt würden. Sie kamen infolgedessen dazu, die statutarische Nebenleistungspflicht auf Grund des positiven Aktienrechts als gesellschaftliche Verpflichtung aufrecht zu erhalten.

Die zweite Gruppe von denen, welche die statutarische Nebenleistungspflicht als gültig ansahen, stellte den Satz voran, daß Art. 219 das Prinzip der auf die Kapitaleinlage beschränkten Haftung zwar enthalte, daß also die statutarische Nebenleistungspflicht nach dem positiven Aktienrecht als gesellschaftliche Verpflichtung innerhalb des zwischen Aktionär und Aktiengesellschaft bestehenden aktienrechtlichen Verhältnisses nicht begründet werden könne, sie kamen aber kraft außerhalb des Aktienrechts liegenden Rechtsgründen dazu, die Nebenleistungspflicht auf Grund von angeblich mit der Inkraftsetzung des Statuts abgeschlossenen Nebenverträgen oder in anderer Weise aufrecht zu erhalten.

Im folgenden soll zunächst auf die Darstellung und Kritik der Versuche eingetreten werden, welche die statutarische Nebenleistungspflicht im Rahmen des positiven Aktienrechts als gesellschaftliche Verpflichtung aufrecht erhalten. Sodann werden die Meinungen erörtert werden, welche die Gültigkeit der dem Aktionär nach dem Statut obliegenden Nebenleistungspflicht kraft außerhalb des Aktienrechts liegenden Rechtsgründen für begründet erachten. Daran endlich wird sich die Darstellung des nach altem Recht für die statutarische Nebenleistungspflicht sich ergebenden Resultates anschließen.[1]

---

[1] Der Art. 219 hat die im Text erwähnte Fassung erst durch die Aktiennovelle vom 18. Juni 1884 erhalten. Er lautete vordem folgendermaßen: „Der Aktionär ist nicht schuldig, zu den Zwecken der Gesellschaft und zur Erfüllung ihrer Verbindlichkeiten mehr beizutragen, als den für die Aktie statutenmäßig zu leistenden Beitrag.“ Die Frage, ob der Art. 219 dieser älteren Fassung das Prinzip der lediglich auf die Kapitaleinlage be-

§ 7.

Die Ansichten, welche die statutarische Nebenleistungspflicht kraft positiven Aktienrechts als gesellschaftliche Verpflichtung aufrecht erhalten.

I. **Die Gierkesche Konstruktion.** Von den Schriftstellern, welche den Art. 219 dahingehend auslegen, daß sich mit ihm die statutarische Nebenleistungspflicht als gesellschaftliche Verpflichtung des Aktionärs wohl vereinbaren lasse, welche also die Nebenleistungspflicht als integrierenden Teil einer aus Kapitalbeitrag und etwa Lieferung von Produkten bestehenden und in der Aktie zusammengefaßten Beteiligung auffassen (vgl. R.G. XXVI 87), geht Gierke[1] von dem Satze aus, daß der Art. 219 nur von der kapitalistischen Beitragspflicht handle und daß dieser Begriff ein engerer als der Begriff der „vermögensrechtlichen Leistungspflicht“ sei, daß also durch Art. 219 eine verfassungsmäßige Belastung der Mitglieder der Aktiengesellschaft mit einer von der kapitalistischen Beitragspflicht verschiedenen Leistungspflicht nicht ausgeschlossen sei. Gierke ist sonach der Meinung, daß Art. 219 das Prinzip der auf die Kapitaleinlage beschränkten Aktionärhaftung nicht normiere, sondern vielmehr nur bestimme, daß der

schränkten Haftung des Aktionärs enthalte oder ob dem Wortlaut gemäß jedenfalls der statutenmäßige Beitrag für die Aktie, also eventuell auch statutarisch festgesetzte Rübenlieferungen auf die Aktie als gesellschaftlicher Beitrag zu leisten sind, ist in Berücksichtigung der Wortfassung und des oben zu § 4 gesagten in letzterem Sinne zu entscheiden. Dieser Ansicht war auch das Reichsoberhandelsgericht, welches niemals Anstand nahm, davon auszugehen, daß der Aktionär als solcher zu Nebenleistungen an die Gesellschaft verpflichtet werden könne, vgl. R.O.H. XXIII 98 ff., 273 ff., 297 ff. Vgl. im übrigen Renaud S. 699, Petersen-Pechmann S. 152 a 1, West S. 129, 135 ff., Bekker in Z. XVII S. 398, Wolff Z. S. 19, 24, 27 ff., Endemann A.G. S. 52 ff., Endemann H.R. S. 296, Ring S. 410, Ring 1. Aufl. S. 232, R.G. XVII 14, Busch A. XXXXIV S. 344, vgl. auch den Art. 188 des Entwurfs eines H.G.B.s für die preußischen Staaten bei Lutz Protokolle, Beilageband I S. 1 ff.

[1] Vgl. Gierke G.Th. S. 271 a. 2, 918, ferner in Schmollers Jahrbuch f. Gesetzgebung, Verwaltung u. Volkswirtsch. im deutsch. Reich 12. Jahrg. S. 1220 a 1, auch Gierke B.G.B. Entw. S. 126.

Nennbetrag bezw. Ausgabepreis der Aktie die Verpflichtung des Aktionärs zur Leistung von Kapitaleinlagen begrenze, hinsichtlich der Auferlegung andersartiger gesellschaftlicher Leistungspflichten aber keine Beschränkung treffe.

Die Auslegung GIERKES ist durchaus willkürlich. Schon nach der Wortfassung des Art. 219 ist nicht einzusehen, wie die Beitragspflicht zu den Zwecken der Gesellschaft lediglich auf die Beitragspflicht zu dem Grundkapital beschränkt werden soll. Die GIERKEsche Konstruktion ist aber zudem aus zwei Gründen durchaus widersinnig.

Art. 219 spricht nämlich von der Verpflichtung des Aktionärs, zu den Zwecken der Gesellschaft und zur Erfüllung ihrer Verbindlichkeiten Beiträge an die Gesellschaft zu leisten. Ist demgegen GIERKE der Meinung, Art. 219 spreche nur von der kapitalistischen Beitragspflicht, so müßte demnach der Passus: der Aktionär habe zu den Zwecken der Gesellschaft und zur Erfüllung ihrer Verbindlichkeiten zu leisten, gleichbedeutend mit der Formulierung des Prinzips der kapitalistischen Leistungspflicht sein und die Nebenleistungen, insbesondere die Rübenlieferungen würden somit Verpflichtungen sein, welche weder zu den Zwecken der Gesellschaft beizutragen, noch zur Erfüllung ihrer Verbindlichkeiten zu dienen geeignet wären. Daraus, daß der Zweck der Rübenzuckergesellschaften auf Verarbeitung von Rüben, insonderheit auf Verarbeitung der statutenmäßig zu liefernden Rüben gerichtet ist, erhellt aber ohne weiteres, daß die seitens der Aktionäre an die Gesellschaft zu machenden Rübenlieferungen Beiträge zu den Zwecken der Gesellschaft sind.

Ferner spricht folgende Erwägung gegen die GIERKEsche Konstruktion. Wäre dieselbe nämlich richtig, so würde Art. 219 nur den selbstverständlichen Satz enthalten, daß die Verpflichtung des Aktionärs, Kapitalleistungen beizutragen, durch den Nominal- bzw. Ausgabebetrag der Aktie begrenzt werde. Danach aber würde, da auch GIERKE von dem Grundsatz ausgeht, daß der Aktionär mangels gesetzlicher Einschränkungen zu Leistungen an die Gesellschaft unbeschränkt verpflichtet werden kann, im übrigen die Möglichkeit bestehen, den Aktionär zu anderen gesellschaftlichen Leistungen als den Kapitaleinlagen in jedem Umfang heranzuziehen. Das würde aber letzten Endes die unumschränkte Haftung des Aktionärs bedeuten und den Art. 219 als selbstverständlich vollkommen überflüssig erscheinen lassen. Das aber kann nicht der Sinn des Gesetzes sein.

Nach alledem ist die GIERKEsche Konstruktion sowohl aus formellen als materiellen Gründen unhaltbar. Sie ist auch in Doktrin und Praxis fast einmütig abgelehnt worden.[1]

II. **Der LIPPMANNsche Versuch.** Zu einem ähnlichen Resultat wie GIERKE gelangend, geht LIPPMANN (in Z. XXXIX S. 185 ff., 192 ff.) davon aus, daß die im Statut festgesetzte Nebenleistungspflicht an sich nach der Art ihrer Begründung eine gesellschaftliche Verpflichtung des Aktionärs sei, daß dies aber mit Art. 219 keineswegs im Widerspruch stehe. Der Art. 219 bestimme nämlich nur, daß lediglich eine solche anderweite Leistung dem Aktionär nicht auferlegt werden könne, welche gleichzeitig für die Zwecke der Gesellschaft und zur Schuldentilgung bestimmt sei. Die Fähigkeit, diese beiden Zwecke zu erfüllen, besitze die Rübenlieferungspflicht nicht; sie diene zwar den Zwecken der Gesellschaft, sie sei aber nicht eine Leistung zur Erfüllung der Gesellschaftsverbindlichkeiten; sie dürfe also deshalb trotz Art. 219 als gesellschaftliche Verpflichtung normiert werden. Denn Art. 219 normiere lediglich die Verpflichtung des Aktionärs, zu dem Grundkapital beizutragen, da nur dieses die Bestimmung habe, den Zwecken der Gesellschaft und zugleich der Schuldentilgung zu dienen.

LIPPMANNS Konstruktion scheitert daran, daß eine Unterscheidung zwischen Beiträgen, welche zur Schuldentilgung und solchen, welche den Zwecken der Gesellschaft dienen, unmöglich und unberechtigt ist. Der Beitrag wird der Gesellschaft in Erfüllung der Einlagepflicht schlechthin geleistet, besondere Beiträge für die Zwecke der Gesellschaft oder für Gesellschaftsschulden gibt es nicht. Wozu die Gesellschaft die Beiträge ver-

[1] Wie GIERKE die Entsch. des O.L.G. Köln v. 29. XII. 1886 im Archiv für das Zivil- und Kriminalrecht der königl. preuß. Rheinprovinz, N. F. Bd. 70 S. 74 ff. — Gegen GIERKE: STAUB 3. u. 4. Aufl. zu Art. 207 § 1, 219 § 1, RING S. 411, LEHMANN S. 225 f., WOLFF A. S. 321 ff., BACHMANN S. 76, LIPPMANN S. 127, R.G. XXI S. 154 ff.

wendet, hat mit der Rechtsnatur der Beiträge nichts zu tun. Überdies fließt bei der Aktiengesellschaft die Verfolgung ihrer Zwecke und die Bezahlung ihrer Schulden ineinander, denn bei rationeller Verfolgung ihrer Zwecke muß die Gesellschaft auch ihre Schulden bezahlen. Endlich ist nicht ersichtlich, warum die Nebenleistungen nicht gleichzeitig jenen beiden Zwecken dienen können.

Wenn LIPPMANN dann schließlich zu dem Schlusse kommt, Art. 219 enthalte, wenn überhaupt ein Prohibitiv, nur ein solches zum Schutze des Aktionärs gegen die Gläubiger und auf diesen Schutz könne der Aktionär wirksam verzichten, so führt auch dies zu Konsequenzen, die mit dem Gesetz in offenbarem Widerspruche stehen. Wird nämlich dem Aktionär freigelassen auf den Schutz des Art. 219 zu verzichten, so bestimmt sich die Verpflichtung zu dem Gesellschaftszweck und den Gesellschaftsverbindlichkeiten beizutragen, lediglich nach dem Statut, nur mit der Maßgabe, daß die Leistungspflicht des Aktionärs nicht hinter der Grenze des Art. 219 zurückbleiben darf. Das bedeutet aber gleichfalls nicht Begrenzung, sondern Unbegrenztheit der Beitragspflicht, und dies ist mit dem Wortlaut des Art. 219 unter allen Umständen unvereinbar.[1]

III. **Die COSACKsche Konstruktion.** COSACK endlich stellt bei Besprechung der statutarischen Rübenlieferungspflicht in der 3. Auflage seines Lehrbuchs (S. 664 f.) den Grundsatz voran, daß der Aktionär außer der Verpflichtung, seine Einlage auf das Grundkapital zu zahlen, keine weiteren Verpflichtungen habe. Diese Einlage auf das Grundkapital aber, so fährt er fort, umfasse nicht bloß die Kapitaleinlage, die auf die Aktie einzuzahlende Geldsumme, sondern auch die auf das Grundkapital zu machenden anderweiten Einlagen, z. B. Sacheinlagen, bei den Rübenzuckeraktiengesellschaften insonderheit auch die als Einlage anzusehende Rübenbau- und Rübenlieferungspflicht, die wertlos sei oder wenigstens im Statut als wertlos angesetzt und deshalb eine über den Nennwert hinausgehende Leistung nicht

---

[1] Vgl. STAUB 3. u. 4. Aufl. zu Art. 219 a. 1, RING S. 411, GOLDSCHMIDT Formen S. 30f., BACHMANN S. 76, FISCHER S. 31f.

sei. Die Aktienurkunde brauche nämlich keineswegs alle dem Aktionär obliegenden Leistungen zu benennen, sondern nur den Wert der Einlage anzugeben. Was aber den Wert der Nebenleistungs-, insbesondere der Rübenlieferungspflicht — denn die Nebenleistungspflicht als solche sei eine Einlage auf das Grundkapital — angehe, so werde diese vom Verein im Einverständnis mit den Aktionären auf Null angesetzt, da ihr ja das Recht auf Bezahlung der Nebenleistungen gegenüberstehe. Das Grundkapital speziell der Rübenzuckergesellschaften bestehe somit aus der Summe der Geldeinlagen (x), plus der Summe der Rübeneinlagen (y), vermindert um die Pflicht der Rübenbezahlung (z). Bei t Aktien sei deshalb der Wert jeder Aktie $= \frac{x+y-z}{t}$. Da nun aber $y = z$ sei, so sei der Wert der Aktie $= \frac{x}{t}$, d. h. gleich dem Wert der Geldeinlage. Die Aktie gebe also mit vollem Recht nur diesen letzteren Wert an, ohne der Rübenlieferungspflicht zu gedenken.

Cosacks Konstruktionsversuch, sowie seine Ausführungen wider das Reichsgericht a. a. O. sind unhaltbar. Er hat ihn anscheinend auch selbst fallen lassen.[1]

Abgesehen zunächst davon, daß Cosack lediglich von dem Fall ausgeht, daß der Nebenleistungspflicht ein unbedingtes Recht auf Zahlung eines festen Preises[2] gegenübersteht und daß die Konstruktion ohne weiteres in sich zusammenfällt, wenn für die Nebenleistungen ein Preis überhaupt nicht gezahlt oder eine Vergütung nur bedingt gewährt wird, weiterhin auch abgesehen davon, daß die Verpflichtung Beiträge zu leisten, nicht dadurch beseitigt wird, daß ein Recht auf ein gleichwertiges Gegenäquivalent besteht, so scheitert der Versuch doch unter allen Umständen an der Unmöglichkeit, für die Nebenleistungspflicht als solche einen Wert anzusetzen.

---

[1] Vgl. Cosack Lehrb. 4. Aufl. S. 641 und Wolff W. S. 333.

[2] Wäre die Nebenleistungspflicht eine Einlage, so würde eine Preisfestsetzung für die einzelnen Leistungen überhaupt nicht am Platze sein, da eine Vergütung für dieselben nur einen Teil der Dividende bilden könnte, vgl. Wolff A. S. 325.

Könnte nämlich die Nebenleistungspflicht als Einlage auf das Grundkapital, als der auf jede Aktie entfallende und in derselben als ihr Nominalbetrag zum Ausdruck zu bringende Anteil an dem im Statut in Geld festgesetzten Grundkapital der Gesellschaft angesehen werden, so würden damit von den Aktionären auf das Grundkapital nicht durch Barzahlung zu leistende Einlagen gemacht. Gemäß Art. 209b Abs. 2 müßte dann aber der Betrag der für diese Einlage zu gewährenden Aktien festgesetzt werden, es müßte also mit anderen Worten der Wert der Nebenleistungspflicht als solcher festgestellt werden, und es müßten eventuell auf das so festgestellte Wertsobjekt Aktien gewährt werden. Dies aber ist nicht nur niemals geschehen, sondern auch bei der Unübersehbarkeit der zu erwartenden Leistungen und den notorischen Schwankungen insonderheit der Rüben- und Zuckerpreise schlechthin unmöglich.

Wenn man aber den Charakter der Wertseinlage auf das Grundkapital auf dem Wege herauskonstruieren wollte, daß man von einer Einlage der Nebenleistungspflicht, aber gleichzeitig unter Belastung des Bruttoertrags mit dem Rübenpreise sprechen und dabei Wert und Last gleich hoch annehmen wollte, so läuft dies, wie das Reichsgericht (XXI 154) hervorhebt, auf ein reines Spiel mit Worten hinaus, indem man das Wort Einlage auf das Grundkapital festhält, während es an dem Begriff desselben gänzlich fehlt.[1, 2]

---

[1] Es sei noch erwähnt, daß, wenn die Nebenleistungspflicht in Wahrheit eine Einlage auf das Grundkapital wäre, sie dem Grundkapital nicht entzogen werden dürfte, um, als selbständiges Passivum in die Bilanz der Gesellschaft aufgenommen, späterhin eventuell den Gesellschaftsgläubigern als Haftungsobjekt zu dienen. Dementgegen werden die Rüben immerfort verbraucht und keineswegs wird aus ihrem Ertrag immer ein entsprechender Betrag zur Ergänzung des durch den Rübenverbrauch geminderten Grundkapitals dem letzteren gutgebracht. — Endlich soll auch der in anderem Zusammenhang vielerörterte Einwand, daß als Einlage nur gelten könne, was schon in der Hand des Einlegers ein Vermögensstück sei, und daß die Rübenlieferungspflicht als solche dafür nicht angesehen werden kann, erwähnt werden, vgl. Anm. 1 S. 65. — Vgl. im übrigen: Ring 1. Aufl. S. 232, 2. Aufl. S. 412, Gareis-Fuchsberger S. 520, Behrend S. 786 Zus., Petersen-Pechmann S. 328, Fischer S. 28ff., Wolff A. S. 324ff., Löwenfeld S. 61,

IV. **Das Ergebnis.** Alle Versuche, die statutarische Nebenleistungspflicht als eine gesellschaftliche aufrecht zu erhalten, sind also nach dem vorausgegangenen als mißlungen anzusehen, und so bleibt in der Tat nichts übrig, als den Art. 219 in dem Sinne auszulegen, daß sich die Verpflichtungen des Aktionärs als solchen, also die gesellschaftlichen Verpflichtungen des Aktionärs gegen die Aktiengesellschaft, — von eventuellen, gesetzlich ausdrücklich zugelassenen Zins-, Schäden- und Konventionalstrafforderungen als sekundären Folgen der Nichterfüllung von Verpflichtungen bezw. böslicher Handlungsweise abgesehen,[1] — ein für allemal und unter allen Umständen in der Verpflichtung des Aktionärs zur Leistung des im voraus bestimmten Nennbetrags bezw. Ausgabebetrags der Aktie erschöpfen, daß der Aktionär nach Leistung dieser seiner Einlage auf das Grundkapital als solcher zu weiteren Leistungen an die Gesellschaft nicht verpflichtet ist und endlich, daß dieses Prinzip der beschränkten Haftung als zwingendes Recht auch nicht mit Einwilligung des Aktionärs durchbrochen werden kann. Andererseits aber läßt sich auch nicht leugnen, daß Art. 219 das Prinzip der beschränkten Haftung mit der Maßgabe ausspricht, daß abgesehen vom Aktienbetrag nur die Auferlegung solcher dem Aktionär gegen die Aktiengesellschaft obliegender gesellschaftlicher Pflichten unzulässig ist, welche den Zwecken der Gesellschaft zu dienen oder zur Erfüllung ihrer Verbindlichkeiten beizutragen geeignet sind, und daß außerhalb dieser Grenzen das Prinzip der beschränkten Haftung dem Aktionär nicht mehr zur Seite steht. Ob nun überhaupt rechtsverbindliche Pflichten des Aktionärs wider die Gesellschaft denkbar sind, die weder den Zwecken der Gesellschaft noch der Erfüllung der Gesell-

---

R.G. XVII 153, XXI 153ff., XXII 107, Pinner S. 97, Staub 3. u. 4. Aufl. zu Art. 219 II 5, Wolff W. S. 333, Lehmann S. 226, Bachmann S. 76.

[2] Aus den gleichen Gründen liegt keine Übernahme der Nebenleistungspflicht als solcher vor, vgl. Behrend § 116 Zus., Staub 3. u. 4. Aufl. zu Art. 219 II 5.

[1] Nicht möglich ist es natürlich, die Nebenleistungspflicht als sekundäre an der Aktie haftende Leistung, als einen Annex der Aktie aufzufassen. Denn sie beruht keineswegs auf einem gestattenden Rechtssatz, vgl. Komm.-Ber. I S. 16, Behrend S. 786 Zus., R.G. XXVI 88, XXI 153, Hergenhahn S. 106f., Ring S. 414.

schaftsverbindlichkeiten dienen, soll hier nicht untersucht werden. Jedenfalls gehören dazu alle Pflichten, die, wie etwa die Führung eines Gesellschaftsamtes durch einen Aktionär, für die Gesellschaft ein geschäftliches oder wirtschaftliches Interesse haben, nicht. Derartige Pflichten dienen vielmehr stets den Zwecken der Gesellschaft.[1]

Diese Auslegung ergibt sich ohne weiteres aus der isolierten Betrachtung des Wortlautes und Sinnes des Art. 219. Die gewonnenen Ergebnisse aus den übrigen Bestimmungen des Aktiengesetzes herauslesen und Art. 219 nur als eine noch einmal ausdrücklich formulierte Konsequenz des Art. 207 und der Art. 207 a, 209, 209 b hinstellen zu wollen, erscheint schon um deswillen bedenklich, weil, enthielte Art. 207 wirklich das Prinzip der beschränkten Haftung, eine Wiederholung in Art. 219 zumindestens überflüssig wäre.[2]

§ 8.

Die Versuche, welche die Nebenleistungspflicht kraft außerhalb des Aktienrechts liegender Rechtsgründe aufrecht erhalten.

Wir wenden uns nunmehr zu den Ansichten, welche die Nebenleistungspflicht kraft außerhalb des positiven Aktienrechts liegender Rechtsgründe für begründet und rechtsverbindlich erachten. Sie alle kommen darin überein, daß sie von dem Versuch, die statutarische Nebenleistungspflicht auf Grundlage des Aktien-

---

[1] Vgl. Staub 3. u. 4. Aufl. Art. 207 § 1, Art. 219 § 1, Lehmann bei Kohler und Ring IX S. 299f., Ring S. 410ff., Puchelt zu Art. 219 a. 2 u. 4, Richter S. 60f., Völderndorff S. 540, Willenbücher S. 219, Weyl S. 90f., Wolff A. S. 322, Endemann H.R. S. 245, Endemann H.B. S. 557, Thöl S. 475, Petersen-Pechmann S. 149f., Suchsland S. 7, Entw. Gt. m. b. Htg. S. 30, Behrend S. 784, Alexander S. 9, Fischer S. 8, 17, 44, Annalen des Kgl. Sächs. O.L.G. zu Dresden (Lpzg., Rossberg) Bd. VIII S. 431, 496ff., R.O.H. XXIII 298, XX 97, XVIII Nr. 97, R.G. XVII 14, XIX 110, XXVI 85, XXXXVIII 106, Kaufmann S. 49, D. S. 131, Litthauer zu § 211, Lehmann-Ring zu §§ 211 Nr. 1, 212 Nr. 1, Cosack 6. Aufl. S. 634, Lehmann S. 132, 137, 215, 218, 226, Dernburg B.R. I S. 229, Bachmann S. 74f.

[2] Vgl. oben S. 16 Anm. 1, ferner Lehmann S. 226, Staub 3. u. 4. Aufl. Art. 207 § 1, Staub S. 543, Rudorff zu § 211.

gesetzes und innerhalb des aktienrechtlichen Verhältnisses als gesellschaftliche Verpflichtung zu konstruieren, abstehen, vielmehr von der Erkenntnis ausgehen, daß Art. 219 das Prinzip der beschränkten Haftung in dem am Schlusse des vorigen Paragraphen erörterten Sinn enthalte und daß sie infolgedessen den Rechtsgrund, kraft dessen sie die statutarische Nebenleistungspflicht aufrecht erhalten, außerhalb des Aktienrechts suchen und finden.

I. **Vor allem ist hier die Theorie des Reichsgerichts darzustellen.** Das Reichsgericht hat der von ihm vertretenen sogenannten Nebenvertragstheorie in zahlreichen Entscheidungen verschiedener Senate, die sich in ihren tieferen Gründen zum Teil nicht vollständig decken,[1] etwa folgende Gestalt gegeben.

Zum Ausgangspunkt nimmt das Reichsgericht den Satz, daß dem Aktionär als solchem gesellschaftliche Verpflichtungen zu anderen vermögensrechtlichen Hauptleistungen als zu der Einlage auf das Grundkapital gültig nicht auferlegt werden können und daß dieses Prinzip als zwingendes Recht zu gelten hat (XXI 158). Dem Aktionär als solchem könne daher die Verpflichtung zu Nebenleistungen, insbesondere zu Rübenlieferungen als gesellschaftliche Pflicht nicht auferlegt werden, desgleichen könne bei der Bedeutung des Nebenleistungsverhältnisses dieses nicht als Annexum der Aktie bezeichnet werden.

Die in den Statuten enthaltenen Bestimmungen über die Nebenleistungspflicht seien vielmehr, wenn sie sich auch rein äußerlich als Bestandteil des Statuts darstellten, gar nicht als materieller Teil desselben, sondern als der Inhalt eines *pactum adiectum*, eines besonderen selbständigen Nebenvertrags anzusehen, der neben dem Statut bestehend, zwischen der Gesellschaft und jedem einzelnen Aktionär, wie zwischen dritten Personen, mit der Inkraftsetzung des Statuts, *uno actu et tempore*, gleichlautend abgeschlossen worden sei und auf den grundsätzlich die allgemeinen Regeln des Vertragsrechtes anzuwenden seien. Zustande komme dieser Nebenvertrag, dessen Abschluß als Bedingung für den Eintritt des Aktionärs in die Gesellschaft gelte, zwischen der in der Begründung begriffenen Gesellschaft und jedem ihrer ursprüng-

[1] Vgl. Wolff A. S. 328f. 319ff.

lichen Aktionäre zugleich mit dem Abschlusse bezw. der Genehmigung des Gesellschaftsvertrags, dergestalt, daß die demnächst entstehende Aktiengesellschaft in das Vertragsverhältnis unmittelbar eintritt.[1]

Der Nebenleistungsvertrag sei allerdings nur wegen der Aktionäreigenschaft des sich Verpflichtenden geschlossen (XXVI 87) und an die Voraussetzung der Aktionäreigenschaft geknüpft, das Nebenleistungsverhältnis sei aber doch rechtlich als ein selbstständiges, für sich und jedenfalls außerhalb des Statuts und des aktienrechtlichen Verhältnisses bestehendes Rechtsverhältnis anzusehen, so daß auch das Aufhören der Aktionäreigenschaft an den Rechten und Pflichten aus dem Nebenleistungsvertrag nichts ändern und insbesondere der Aktionär aus ihm alle Klagen anstellen könne, die ihm zu Gebote stehen würden, wenn er den gleichen Vertrag mit der Gesellschaft abgeschlossen hätte, ohne ihr als Aktionär anzugehören (XVII 16, XXXVII 141).[2]

Das Reichsgericht trennt also das Nebenleistungsverhältnis rechtlich von dem aktienrechtlichen Verhältnis, begründet beide Verhältnisse nebeneinander, auf voneinander juristisch verschiedene Rechtsgründe und ist der Meinung, daß, während die Verpflichtung zur Leistung der Kapitaleinlage ihren Rechtsgrund in dem eigentümlich gearteten aktienrechtlichen Verhältnis finde, das Nebenleistungsverhältnis auf einer vertraglichen Willenseinigung mehrerer Personen über die Gestaltung subjektiver Rechtsverhältnisse beruhe.[3, 4, 5]

---

[1] R.G. XVII 15ff., XXVI 87ff., B. III 809, IV 819, VIII 549, 550, IX 485, X 544, XIX 627, Jur. W. 1887 S. 43 Nr. 29, 1895 S. 386 Nr. 29. Vgl. Lippmann S. 182ff., Wolff A. S. 328f., Arch. d. Rheinpr. Bd. 70 S. 74, 76, Endemann A.G. S. 52f.

[2] Die in Art. 190a, 222 zum Zwecke der Anfechtung eines Generalversammlungsbeschlusses gegebene Klage gehört dem Gesellschaftsrecht an und dient zum Schutz der gesellschaftlichen Interessen, sie kann also nur von dem Aktionär als solchem, nicht aber als Vertragskläger angestellt werden, vgl. R.G. XVII 16, XXI 158, Fischer S. 37f.

[3] Daß die „Kontrahenten des Gesellschaftsvertrages“ beim Abschluß desselben der Konstruktion, welche die Statutenbestimmungen über die Nebenleistungspflicht der Aktionäre als den Inhalt eines bes. Nebenvertrags betrachtet, sich nicht bewußt werden, einen rechtlichen Unterschied zwischen

Gerade weil das Reichsgericht nun aber die Nebenleistungspflicht als ein besonderes, selbständiges Rechtsverhältnis erachtet, hält es, vom Vertragsbegriff ausgehend, um die Nebenvertragskonstruktion (vgl Wolff, A S. 328ff.) überhaupt möglich zu machen immer für erforderlich, daß das Nebenleistungsverhältnis eine bestimmte selbständige rechtsgeschäftliche Individualität zur Darstellung bringt. In allen Fällen, wo das Nebenleistungsverhältnis als ein selbständiges, für sich bestehendes Rechtsverhältnis nicht gefaßt werden kann, wo es mit dem aktienrechtlichen Verhältnis in unlöslichen rechtlichen Beziehungen steht und innerlich in das aktiengesellschaftliche Verhältnis eingeordnet ist, hält es deshalb das Reichsgericht für juristisch unmöglich, die Theorie des besonderen Vertrags aufrecht zu erhalten und erklärt in solchen Fällen die statutarischen Bestimmungen über die Nebenleistungspflicht für ungültig (R.G. XXVI 91ff.).

---

ihren Verpflichtungen vielmehr nicht machen wollen, räumt R.G. XVII 17 ein, ohne jedoch die weitere Folgerung zu ziehen, daß damit für den Nebenvertrag der *animus contrahendi* fehlt und daß ein Kontrakt, dessen sich die Parteien nicht bewußt werden, juristisch kein Kontrakt ist (vgl. Bechmann, der Kauf II. Abt. S. 83). Vgl. im übrigen Lippmann S. 131 ff., 136, Fischer S. 41, Suchsland S. 16 ff., 24.

[4] Das eminent praktische Bedürfnis, das Zusammenbleiben beider Verhältnisse sicher zu stellen, weist das R.G. dem Nebenleistungsvertrag (d. h. den diesbezüglichen Statutenbestimmungen) zu; er mag durch besondere Bestimmungen jenem Bedürfnis Rechnung tragen. Daß dies nur unvollkommen erreicht werden kann und daß insbesondere der Konkurs des Aktionärs, sowie die Pfändung der Aktie die vorhandene äußere Klammer sprengen wird und Aktie und Nebenleistungsverhältnis auseinanderfallen werden, gibt das R.G. zu. Vgl. R.G. XXVI 87, 89, XXXVII 141, Lippmann S. 129, 148, 156, 176 ff.

[5] Bezüglich der bei Übertragung der Aktie hinsichtlich des Schicksals des Nebenvertrags auftauchenden Fragen führt R.G. XVII 15 f. aus, daß die Vorschrift des Statuts, die Veräußerung einer Aktie könne nur unter der durch einen Befähigungsnachweis bedingten Genehmigung der Gesellschaft stattfinden, einen genügenden Anhalt für die Annahme gewähre, daß in jedem Falle der Veräußerung einer Aktie der Abschluß des Nebenvertrags durch die in der Nachsuchung und Erteilung der gesellschaftlichen Genehmigung stillschweigend ausgedrückte Willenseinigung sich wiederholt, vgl. Ring S. 414, Wolff A. S. 327, Staub S. 422, R.G. v. 10. II. 1893 bei Holdheim II S. 166, Lippmann S. 131, 140 ff.

Das Reichsgericht findet nun diese Individualität schon darin, daß der Aktionär wegen seines Interesses an der Gesellschaft gegen dieselbe eine Verpflichtung zu wiederkehrenden Leistungen gegen ein angemessenes, wenn auch, wie etwa bei der Rücksicht auf einen dauernden Geschäftsfreund, in bestimmtem Maße gehaltenes Entgelt übernimmt. Hält dementsprechend das Reichsgericht die rechtsgeschäftliche Individualität des Nebenvertrags dann am reinsten für gewahrt, wenn seitens der Aktiengesellschaft für die von den Aktionären zu bewirkenden Nebenleistungen ein fester Preis vereinbart ist, so erachtet es doch auch für zulässig, daß der Preis ein nur objektiv bestimmbarer ist (R.G. XXI 152, XXXXVIII 106), daß also etwa die Nebenleistung gegen eine ihrem Werte entsprechende und lediglich innerhalb der Grenze der jedesmaligen Marktpreise wandelbaren Vergütung erfolgt (R.G. XXVI 87), ja sogar, daß in betreff des Preises der Aktionär sich den vom Vorstand, Aufsichtsrat oder der Generalversammlung (B. X 544, VIII 549) ausgehenden Bestimmungen unterwerfe.

Das Reichsgericht geht nämlich hinsichtlich des den Aktionären für die Nebenleistungen zu gewährenden Entgelts naturgemäß davon aus, daß, wie der Aktiengesellschaft das Recht auf die Nebenleistungen, so auch dem Aktionär das Recht auf Vergütung vertragsmäßig als Gläubiger ohne Rücksicht auf erzielten oder nicht erzielten Reingewinn zustehe und daß sich natürlich die Gesellschaft, ebensowenig wie ein anderer Schuldner, einseitig dieser Vertragspflicht entschlagen, den Aktionären das Recht auf Vergütung entziehen oder beschränken, oder die Nebenleistungspflicht einseitig über das übernommene Maß hinaus erhöhen oder erschweren könne, daß vielmehr die Abänderung der diesbezüglichen Bestimmungen grundsätzlich nur durch Vereinbarung der Kontrahenten möglich und ein die Bestimmungen des Nebenvertrags einseitig abändernder Beschluß eines Gesellschaftsorgans ungültig sei.

Auf der anderen Seite aber bejaht das Reichsgericht die Frage, ob dennoch aus besonderen Gründen angenommen werden darf, daß einem Gesellschaftsorgan einseitig eine Abänderung der Nebenvertragsbestimmungen, insbesondere bezüglich des für die Nebenleistungen zu gewährenden Entgeltes, hat gestattet sein sollen, in gewissem Umfange. Und zwar habe diese Befugnis nach der Meinung des Reichsgerichts in dem Willen der Vertragskontrahenten ihren Grund. Es sei nämlich anzunehmen, daß die Kontrahenten der Nebenleistungsverträge sich in betreff der bei den fortgesetzten Schwankungen der Preissätze künftig mit Sicherheit erforderlich werdenden Abänderungen derselben in dem durch die Vertragsabsicht gegebenen Grenzen den Beschlüssen des Vorstandes, bezw. des Aufsichtsrats oder der Generalversammlung haben unterwerfen wollen. Infolge der maßgebenden Vertragsabsicht beschränke sich aber in solchen Fällen die Befugnis des betreffenden Gesellschaftsorgans dahin, daß die so von diesem Organ zu bestimmende Preishöhe nicht nach Willkür, sondern nach dem *arbitrium boni viri*, nach billigem, sachverständigen Ermessen, welches der Korrektur durch den ordentlichen Richter unterworfen ist, innerhalb der durch die jeweiligen Preisverhältnisse gegebenen Grenzen festzustellen ist. Dem stehe nicht entgegen, wenn das Entgelt, wie einem dauernden Geschäftsfreund gegenüber, nur in mäßiger Höhe normiert werde oder wenn etwa der normierte Preis die Kosten der Produktion der Nebenleistungen nicht decken sollte.[1]

Dagegen erblickt das Reichsgericht in dem Nebenleistungsverhältnis eine rechtsgeschäftliche Individualität dann nicht mehr, wenn das aktienrechtliche und das Nebenleistungsverhältnis nicht in getrennte juristische Einheiten zerlegt werden können, sondern auch juristisch als ein einziges einheitliches Verhältnis aufgefaßt werden müssen, wenn also die Nebenleistungspflicht dem Aktionär als solchem, als gesellschaftlicher Beitrag auferlegt ist. Nach Ansicht des Reichsgerichts ist dafür nicht schon die allgemein zulässige Klausel entscheidend, daß die Übertragung der Aktie an die Zustimmung der Gesellschaft geknüpft ist (Wolff Z. S. 34), auch nicht der Umstand, daß der Erwerb von Aktien, hinsichtlich deren der Nebenleistungspflicht nicht Genüge geschieht,

---

[1] Vgl. R.G. XVII 5, 17 ff., XIX 106, XXVI 42, 88 ff., IIL 104, B. VIII 260, 395, 549, IX 485, X 276, 544, XXI 560, J. W. 1889 XVIII S. 309 Nr. 21, 1887 XVI S. 43 Nr. 29, Holdheim II 165 ff., 386, R.G. v. 2. II. 1897 bei Bauer V S. 5, Seuffert XVII S. 31 ff., Lippmann S. 154 f., Fischer S. 36 f., Suchsland S. 27 ff., Wolff Z S. 33, Staub 3. u. 4. Aufl. zu Art. 219 II 5.

seitens der Gesellschaft vorgesehen werden darf (vgl. Wolff Z. S. 35, R.O.H. XXIII 273ff.), wohl aber seien die Fälle für die Einheitlichkeit des Verhältnisses symptomatisch, in denen der Preis für die Nebenleistung ganz oder teilweise zur Zahlung ungedeckter Schulden der Gesellschaft oder zur Ergänzung ihres Grundkapitals herzugeben ist, wo also der Nebenleistungsaktionär bezüglich seines Rechts auf Entgelt überhaupt oder hinsichtlich der Höhe dieses Entgelts von der finanziellen Lage des Aktienunternehmens abhängig ist, insbesondere mit seiner Anwartschaft auf Vergütung lediglich auf den Geschäftsgewinn des Aktienunternehmens angewiesen ist, für die Nebenleistungen also unter Umständen überhaupt keine Vergütung erhält. Weiteres Symptom sei auch der Vorbehalt der Kaduzierung der Aktie mangels Erfüllung der Nebenleistungspflicht.

In diesen Fällen ist nach Meinung des Reichsgerichts eine Scheidung zwischen dem aktienrechtlichem Verhältnis und einem besonderen Nebenleistungsvertrag nicht möglich, da nicht ersichtlich sei, unter welchen rechtsgeschäftlichen Typus die Verpflichtung zu den Nebenleistungen, für sich allein betrachtet, gebracht werden soll. Die Nebenleistungen seien hier vielmehr ihrer inneren Natur nach gesellschaftliche Beiträge, denn das Nebenleistungsverhältnis bilde mit dem aktienrechtlichen Verhältnis zusammen juristisch ein einheitliches Verhältnis gesellschaftlicher Natur. Derartige Statutenbestimmungen seien also gemäß Art. 219 nichtig und unverbindlich und verbänden den Aktionär selbst dann nicht, wenn er ihrer Auferlegung zugestimmt habe.[1]

Das Reichsgericht kommt nach alledem, von praktisch wirtschaftlichem Standpunkte aus gesehen, in einem höchst ungesunden Zwiespalt dazu, daß es je nach Auslegung des Statuts die Nebenleistungspflicht bald als besonderen Vertrag aufrecht zu erhalten imstande ist, bald aber die besagte rechtsgeschäftliche Individualität als nicht gewahrt erachtet und dann die gesamten

[1] vgl. R.G. XVII 16, 21, XIX 110, XXI 148 ff., 158, XXVI 85, 91 f., B. III 809, IX 485, X 546, VI 647, XVI 329, J. W. 1886 S. 440 Nr. 8, 1895 S. 386, 602, Holdheim II S. 166, Ring S. 412, Ring 1. Aufl. S. 234, Wolff Z. S. 36, 45, Staub 3. u. 4. Aufl. zu 219 II 5, Suchsland S. 10 ff., 18 (!), Wolff A. S. 336 ff., D. S. 131, B.G.B. §§ 315 ff.

statutarischen Bestimmungen über die Nebenleistungspflicht für null und nichtig erklären muß. Wie verwirrend eine solche Rechtsprechung wirken mußte, erscheint um so begreiflicher, wenn man beachtet, daß die rechtlich so verschieden beurteilten Lebensverhältnisse stets in gleicher Weise entstanden waren und tatsächlich nur verhältnismäßig geringe Abweichungen voneinander aufwiesen.

Die reichsgerichtliche Konstruktion ist aber zudem juristisch unhaltbar. Schon oben § 3 ist auf die Unangängigkeit, das Statut teils als durch einseitigen Willensakt verbindlich gewordenes Verfassungsgesetz und teils als zweiseitigen Vertrag anzusehen, hingewiesen und insbesondere dargelegt worden, es sei juristisch unmöglich, daß mit der Inkraftsetzung des Statuts, welche auch die Entstehung der gesellschaftlichen Pflichten und Rechte bedeutet und welche — nicht, wie das Reichsgericht annimmt, durch einen Vertragsschluß — sondern durch einen einseitigen Gesamtakt geschieht, zugleich ein Vertrag, eine Einigung zwischen Schuldner und Gläubiger über die Begründung eines ein- bezw. zweiseitigen Schuldverhältnisses zustande kommt.

Es ist auch bereits der Grundsatz aufgestellt worden, daß in den Statutenentwurf aufgenommene Bestimmungen über Rechte und Pflichten, die bei der Inkraftsetzung des Statuts als vertragsmäßige begründet werden sollen, keine Gültigkeit erlangen und nach Inkraftsetzung des Statuts als nichtige Bestimmungen desselben anzusehen sind und daß in das Statut lediglich im Rahmen des Art. 219 gehaltene gesellschaftliche Verpflichtungen aufgenommen werden dürfen. Alles dies spricht gegen das Reichsgericht.

Des ferneren irrt das Reichsgericht vor allem darin, daß es annimmt, das Nebenleistungsverhältnis lasse sich von dem aktienrechtlichen Verhältnis, wo nicht in allen, so doch in den meisten Fällen trennen. Es geht vielmehr schon daraus, daß die Unterwerfung unter das Statut die Bedingung zum Eintritt in die Gesellschaft ist und daß der Zweck insbesondere der Rübenzuckergesellschaften auf Verarbeitung der von den Aktionären statutenmäßig zu leistenden Rüben gerichtet ist, hervor, daß ein inniger Zusammenhang zwischen der Aktionärbeteiligung und der

Nebenleistungspflicht besteht. Es ist daher anzunehmen, daß zumindestens überall da ein einheitliches Verhältnis gesellschaftlicher Natur vorliegt, wo — wie es regelmäßig der Fall ist — die aktienrechtlichen und die die Nebenleistungspflicht betreffenden Festsetzungen im Statut zusammengefaßt sind. In allen diesen Statuten finden sich Bestimmungen, welche die Nebenleistungspflicht als sehr wesentlichen Teil des Statuts erkennen lassen: bald ist sie für Veräußerung bezw. Vererbung der Aktie maßgebend, bald führt ihre Nichterfüllung oder nicht gehörige Erfüllung zur Kaduzierung der Aktie oder zur Schmälerung des Dividendenanspruchs, bald wird der Preis für die Leistungen durch die geschäftliche Lage der Gesellschaft beeinflußt. Überall widerstrebt die ganze Fassung der Statuten einer Auseinanderreißung in zwei selbständige Rechtsverhältnisse auf das entschiedenste. Überall liegt vielmehr nur ein einheitliches, und zwar ein einheitliches aktienrechtliches Verhältnis vor, welches das Nebenleistungsverhältnis in sich aufgenommen hat. Aus diesen Gründen hätte das Reichsgericht die statutarische Nebenleistungspflicht in allen Fällen für nichtig erklären müssen.[1]

Von anderen Einwänden abgesehen, soll schließlich wider das Reichsgericht noch angeführt werden, daß die in der Begründung begriffene Gesellschaft, welche nach dem Reichsgericht den Nebenvertrag mit jedem ihrer ursprünglichen Aktionäre abschließen soll, diesen Vertrag gar nicht schließen kann, da sie zu rechtlicher Existenz erst mit der Eintragung ins Handelsregister gelangt und soweit eine Tätigkeit von Gesellschaftsorganen für die Gesellschaft schon im Errichtungsstadium statthaft ist, solche Tätigkeit nur auf die vom Gesetz ausdrücklich vorgeschriebenen, die Begründung der Gesellschaft betreffenden Handlungen beschränkt ist (vgl. Art. 209 h, 210 Abs. 3, 210 a).[2]

---

[1] So Wolff A. S. 320, 335 f., gegen Wolff Suchsland S. 14 f. Vgl. im übrigen R.G. XXI 152, 155 f., XXVI 88 f., Arch. d. Rheinpr. Bd. 70 S. 77, Fischer S. 41 f., Lippmann S. 152, 157, 175 f., Wolff Z. S. 21, West S. 131, Ring S. 412, Ring 1. Aufl. S. 232, Staub 3. u. 4. Aufl. zu 219 II 5, Dernburg B.R. I S. 229.

[2] Vgl. Wolff A. S. 332 ff., Staub 3. u. 4. Aufl. zu 219 II 5, Löwenfeld S. 125 ff., Gierke G. Th. S. 271, 121 ff., 128 ff., Puchelt zu 219 a. 4, zu 178 a. 4, a. M. Behrend S. 786, 753 ff., Wolff Z. S. 25, 47 ff.

Desgleichen steht natürlich auch nicht eine Vertragsschließung für die künftige Gesellschaft durch die Gründer in Frage, da ein Vertragsschluß namens der künftigen Gesellschaft, also eine *negotiorum gestio* für eine noch nicht existente juristische Person undenkbar ist (vgl. Windscheid Pandekten Bd. I § 52) und es sich zudem nicht lediglich um zugunsten der Gesellschaft abgeschlossene Verträge, also nicht um Verträge zugunsten Dritter handelt.[1]

Nach alledem gelangt man allerdings zu dem Resultat, daß das Reichsgericht auf halbem Wege stehen geblieben ist, die Gedanken in der im 21. Bande S. 148 ff. abgedruckten Entscheidung nicht zu Ende gedacht hat und zu einer Konstruktion gelangt ist, die in allen wesentlichen Punkten unhaltbar, ja die widernatürlich und unwahr ist und die eigentlich erst recht dazu führen müßte, diese Gesellschaftsgebilde wegen Gesetzesumgehung für ungültig zu erklären (Gierke B.G.B. Entw. S. 126, Wolff A. S. 331).

Unter der Herrschaft des neuen Rechts scheint nun auch das Reichsgericht selbst die Haltlosigkeit seiner früheren Rechtsprechung nicht mehr länger leugnen zu wollen, und es klingt wie eine vernichtende Kritik der alten Nebenvertragstheorie, wenn das Reichsgericht in dem Erkenntnis vom 25. September 1901 (vgl. IL S. 80) sagt: Was das Gesetz als Inhalt des Gesellschaftsvertrags nicht zuläßt, kann nicht dadurch Gültigkeit erlangen, daß man ihm, obwohl es zum Inhalt des Gesellschaftsvertrags gemacht ist, die Hintertür des Separatvertrags öffnet.

---

[1] Vgl. Wolff A. S. 331 ff., West S. 142, Wolff Z. S. 31 a. 14, Staub 3. u. 4. Aufl. zu 219 II 5, Puchelt zu 219 a. 4, Gierke G. Th. 121 ff., Suchsland S. 26, Fischer S. 40 f., Ring S. 279 ff., 414, R.G. V 20 f., II 303, XXIV 14, Renaud S. 241, Löwenfeld S. 104, Wiener in Z. XXIV S. 24, Lippmann S. 131 ff., 213, Hahn Bd. I S. 682, Cosack 3. Aufl. S. 645, Lehmann S. 442 ff., Staub S. 576 f., Makower 11. Aufl. S. 240 f., Behrend S. 785 ff. Zus., Weyl S. 90, Goldschmidt Formen S. 30 f., Petersen-Pechmann S. 149 ff., 408 ff., Gareis-Fuchsberger S. 518 ff., Hergenhahn S. 105 ff., 109 f., Esser 5. Aufl. S. 138, Keyssner-Simon 4. Aufl. S. 118 f. Vgl. ferner u. a. noch B. IV 815, 485, V 756 f., XII 506 und J. W. XXIV S. 386, XXV S. 604.

II. **Die Nebenleistungsaktiengesellschaft eine gewohnheitsrechtliche Neubildung.** Nach der Darstellung der auf Grundlage des alten Rechts ergangenen, gegebenenfalls noch heute zu übenden Rechtsprechung des Reichsgerichts wenden wir uns nunmehr unter den Ansichten, welche die Rübenlieferungspflicht kraft außerhalb des Aktienrechts liegender Rechtsgründe für begründet erachten, zu der von Brunner vertretenen. Brunner und mit ihm Gierke (vgl. Gierke B.G.B. Entw. S. 126) haben die Annahme vertreten, daß in dem Bestande der mit Art. 219 unvereinbaren Nebenleistungsaktiengesellschaften geradezu der Ausdruck eines gemeinen Gewohnheitsrechtes zu erblicken sei, daß also entgegen dem geltenden Aktienrecht, welches in Art. 219 den Grundsatz der auf die Kapitaleinlage beschränkten Haftung des Aktionärs proklamiere, in gleichmäßiger, langjähriger Übung unter Duldung des Staates und Billigung der Gerichte und bei einheitlicher Rechtsüberzeugung der Beteiligten eine von der im Aktiengesetz fixierten verschiedene Art der Aktiengesellschaft auf dem Wege der Gewohnheit Geltung erlangt habe, bei der es zulässig sei, dem Aktionär außer der Kapitaleinlage noch wiederkehrende Nebenleistungen aufzuerlegen.

Auf den Begriff des Gewohnheitsrechtes kann hier um so weniger eingegangen werden, als die Lehre vom Gewohnheitsrecht jeder festen und sicheren Basis entbehrt und nirgends mehr Unklarheit und Verworrenheit herrscht, als in diesem Teile des Rechtsgebiets.[1] Es soll hier vielmehr nur darauf hingewiesen werden, daß die Brunnersche Behauptung in der Literatur, allerdings aus verschiedenen Gründen, einmütig zurückgewiesen worden ist.

Am eingehendsten hat sich Wolff A. S. 337 ff. mit der Frage beschäftigt. Er ist zwar der Meinung, daß Art. 1 einer gewohnheitsrechtlichen Bildung nicht entgegenstehe (a. M. Ring S. 413, Staub 3. u. 4. Aufl. S. 468), er leugnet aber, daß die Übung, welche das Gewohnheitsrecht erzeugt habe, eine langjährige genannt werden könne und gibt nur zu, daß eine Reihe von An-

[1] Es wird auf das eingehende Referat und die Kritik von Neukamp bei Kohler und Ring XII verwiesen, wo sich auch auf S. 126 ff. die reichsgerichtliche Praxis dargestellt findet.

sätzen zu langjähriger Übung vorhanden seien; denn das Aktiengesetz sei, so führt er aus, in verhältnismäßig kurzen Zwischenräumen, die eine *inveterata consuetudo* sich nicht entwickeln ließen, wiederholt abgeändert und neu publiziert worden und dadurch sei der gewohnheitsrechtliche Bildungsprozeß jedesmal zerstört worden und habe wieder von neuem beginnen müssen. Von langjähriger Übung könne deshalb keine Rede sein.

Wolff hebt sodann ferner hervor, daß der Annahme einer gewohnheitsrechtlichen Bildung die nur auf einem Mißverständnisse des Art. 219 beruhende derogatorische Gewohnheit entgegenstehe. Die Übenden hätten das Bewußtsein, daß sie sich in einen Gegensatz zum geltenden Recht brächten, nicht gehabt, hätten vielmehr die Nebenleistungsgesellschaften als Aktiengesellschaften bezeichnet, die gesetzlich geordnete Formation der Aktiengesellschaft annehmen wollen und seien der Meinung gewesen, die Nebenleistungsbestimmungen ständen mit dem geltenden Recht im Einklang. Diese irrige Vorstellung sei nur durch die mißverstandene Interpretation des Art. 219 der oben auf S. 21 in Anm. 1 erwähnten älteren Fassung hervorgerufen, indem man den für die Aktie statutenmäßig zu leistenden Beitrag nicht auf die entsprechende Quote des Einlagekapitals beschränkt habe. Diese demnach lediglich auf Mißverstehen einer Gesetzesstelle beruhende derogatorische Gewohnheit könne aber nicht Quelle einer gewohnheitsrechtlichen Bildung sein, da gerade deshalb die vermeintliche Anwendung des Art. 219 nicht als Ausdruck einer selbständigen Rechtsüberzeugung angesehen werden könne.

Demgegenüber hält Behrend S. 786 Zusatz in seiner Polemik wider die Annahme eines Gewohnheitsrechts für das Entscheidende, daß darüber, ob und inwieweit die Nebenleistungspflicht einen gesellschaftlichen Charakter habe, von jeher Unsicherheit unter den Interessenten und Meinungsverschiedenheiten unter den Juristen bestanden habe, so daß also eine gemeinsame Rechtsüberzeugung niemals vorhanden gewesen sei.

Daß die beiden Wolffschen Argumente oder das Behrendsche bei dem Stande der Lehre vom Gewohnheitsrechte unter allen Umständen zutreffend und unwiderleglich wären, kann nicht eingeräumt werden und es dürfte immerhin möglich sein, die Rechtsbeständigkeit der Nebenleistungspflicht als gesellschaftlicher Verpflichtung kraft Gewohnheitsrechtes zu verteidigen. Doch soll auf diese Frage hier nicht näher eingegangen werden.

Zum Schlusse mag nur noch darauf hingewiesen werden, daß das Reichsgericht die Nebenleistungsaktiengesellschaft als gewohnheitsrechtliche Bildung in der Entscheidung Bd. 17 S. 13f. in aller Form anerkannt hat, indem es unter Bezugnahme auf die früheren Entscheidungen und Gesetzesberatungen über die statutarische Nebenleistungspflicht sagt: es sei nach allen diesen so weit zurückreichenden Vorgängen heutigen Tages nicht mehr statthaft, die Rechtsbeständigkeit der statutarischen Bestimmungen über die Rübenlieferungspflicht und der auf Grund derselben errichteten Gesellschaften wegen theoretischer Bedenken in Frage zu stellen. Diese Tatsache wird nicht dadurch berührt, daß das Reichsgericht a. a. O. die statutarische Nebenleistungspflicht offenbar nur ungewollt und unbewußtermaßen als gewohnheitsrechtliche Bildung anerkannt, jedenfalls daraus keinerlei Konsequenzen gezogen und noch in derselben Entscheidung ausdrücklich gegen die Annahme einer gewohnheitsrechtlichen Bildung offen polemisiert hat, denn die angeführte Stelle behält unter allen Umständen eine selbständige Bedeutung.[1]

III. **Die Zweigesellschaftstheorie.** Mit den Grundgedanken der reichsgerichtlichen Konstruktion sich berührend, gelangt eine in der Praxis vereinzelt hervorgetretene Meinung zu dem Schlusse, daß man in der Nebenleistungsaktiengesellschaft in Wahrheit zwei Gesellschaften zu unterscheiden habe, eine Aktiengesellschaft und eine bei Gründung der Aktiengesellschaft zum Zwecke der Rübenlieferungen in innigem Zusammenhang mit dieser errichtete Sozietät. Diese Konstruktion ist zurückzuweisen. Eine durch denselben Akt geschaffene und durch dieselbe Organisation umspannte, zugleich als Aktiengesellschaft und Sozietät sich darstellende Rechtsbildung ist juristisch ein Unding. Zudem finden sich auch keinerlei Anhaltspunkte für das Vorhandensein einer Sozietät. Nach dem gar nicht anders auslegbaren Statut und bei der Identität des gesellschaftlichen Unternehmens und der Iden-

[1] Vgl. noch Ring S. 413, Behrend S. 786 Zus., Lehmann S. 226, R.G. XXVI S. 90, Dernburg B.R. I S. 182.

tität der Personen handelt es sich vielmehr um ein einziges, einheitliches Verhältnis aktienrechtlicher Natur, inhalts dessen die Mitglieder sowohl zu Kapitaleinlagen, als auch zu wiederkehrenden Nebenleistungen verpflichtet sein sollen. Die Konstruktion vermag also über den Art. 219 nicht hinwegzuhelfen.[1]

IV. **Die Nebenleistungsgesellschaft eine Gesellschaft besonderer Art.** Ein letzter Versuch endlich ist von der Erkenntnis ausgegangen, daß bei den Nebenleistungsgesellschaften den Aktionären eine einheitliche gesellschaftliche Verpflichtung zu Kapitaleinlagen und zu Nebenleistungen auferlegt werde und daß die gesellschaftliche Verpflichtung zu den Nebenleistungen mit Art. 219 in Widerspruch stehe und deshalb nach Aktienrecht ungültig sei. Es handle sich jedoch bei der Nebenleistungsgesellschaft gar nicht um eine Aktiengesellschaft, sondern es sei eine Gesellschaft anderer, eigentümlicher Art entstanden, die jedenfalls nicht nach Aktienrecht zu beurteilen sei.

Diese Annahme ist nicht haltbar. Denn aus der Ungültigkeit des Bestandes als Aktiengesellschaft folgt noch nicht das rechtswirksame Vorhandensein einer Gesellschaft anderer Art und insofern, wie in den hier fraglichen Fällen überall, eine Aktiengesellschaft gewollt ist, bleibt nur die Alternative, daß entweder eine solche oder zum mindesten hinsichtlich des Nebenleistungsverhältnisses nichts entstanden ist. Zudem ließe sich bei einer Gesellschaft anderer Art die doch immerhin in gewissem Umfange gewollte beschränkte Haftung der Gesellschafter nicht einhalten. Aus diesen Gründen ist deshalb auch diese Ansicht zu reprobieren.[2]

§ 9.

Das Ergebnis nach altem Recht.

I. **Rechtslage.** Es hat sich somit ergeben, daß alle unter dem alten Recht unternommenen Versuche, die statutarische

---

[1] Berliner Börsenzeitung vom 19. Okt. 1887 Nr. 489 in der 2. Beilage. Vgl. ferner Arch. d. Rheinpr. Bd. 70 S. 78, Behrend S. 786 Zus., Ring S. 412, Lippmann S. 136, Wolff A. S. 327, R.G. XVII 15, XXI 153.

[2] Vgl. Berliner Börsenzeitung a. a. O., Ring S. 150, 277, 413, Wolff Z. S. 20, Wolff A. S. 336 f., Lehmann S. 276 ff., R.G. XIX 110, XXI 158.

Nebenleistungspflicht, sei es als gesellschaftliche Verpflichtung, sei es kraft außerhalb des Aktienrechts liegender Rechtsgründe aufrecht zu erhalten, fehlgeschlagen sind. Weitere Versuche sind nicht unternommen worden, die Möglichkeiten dürften auch erschöpft sein.

Und so ist es in der Tat unmöglich, die unter der Herrschaft des alten Rechts auferlegte statutarische Nebenleistungspflicht, mag sie im ursprünglichen Statut oder während des Bestehens der Gesellschaft durch Statutenänderung normiert sein, aufrecht zu erhalten und wir gelangen zu der „bitteren Wahrheit", daß alle die Bestimmungen des Statuts, welche die Nebenleistungspflicht regeln, es sei denn, man wolle eine gewohnheitsrechtliche Bildung annehmen, null und nichtig sind (vgl. Wolff A. S. 334 f). Sie geben insbesondere keinen Klaggrund ab und der Aktionär kann im Prozeß ohne weiteres mit Erfolg ihre Nichtigkeit vorschützen.

Ist es aber nach altem Recht unmöglich, für die Aktionäre eine Nebenleistungspflicht statutarisch zu begründen, so blieb den Aktiengesellschaften, wenn sie ihre Aktionäre zu Nebenleistungen heranziehen wollten, nichts anderes übrig, — und dies ist, was bereits hervorgehoben werden soll, naturgemäß den Aktiengesellschaften auch nach neuem Recht unbenommen, — als über die Nebenleistungspflicht mit einem jeden der Aktionäre nach Eintragung der Aktiengesellschaft ins Handelsregister (vgl. Kayser S. 85) außerhalb des Statuts[1] eine den allgemeinen Regeln des Vertragsrechts unterliegende Abmachung zu treffen, wonach sich der Aktionär zu gewissen Nebenleistungen verpflichtet und bei der der Aktionär der Aktiengesellschaft wie jede andere Person und gerade nicht in seiner Eigenschaft als Aktionär gegenübersteht, die also keine andere Physiognomie zeigen wird, als die gleiche Abmachung mit irgend einem beliebigen Dritten. Daß dies möglich ist, erhellt ohne weiteres daraus, daß die Aktionäre

[1] Wolff Z. S. 29 will einen Hinweis auf die mit den Aktionären abzuschließenden Nebenleistungsverträge aus Zweckmäßigkeitsgründen in das Statut aufgenommen wissen. Dies wird zu billigen sein. Vgl. Ring S. 414, Ring 1. Aufl. S. 234, 394, Wolff Z. S. 50 ff., Goldschmidt System S. 135, Lippmann S. 157.

einerseits und die Aktiengesellschaft andererseits selbständige Rechtssubjekte sind, welche zwar in bestimmten aktienrechtlichen Beziehungen stehen, im übrigen aber außerhalb der gemeinheitlichen und gliedmäßigen Beziehungen einander als ungebundene Rechtssubjekte gegenüberstehen, die jederzeit in Rechtsbeziehungen jeder Art miteinander treten können.[1]

II. **Der Nebenleistungsvertrag als pactum de contrahendo oder einheitlicher Hauptvertrag.** Die Frage, welche rechtliche Natur die Abmachungen über die Nebenleistungsverpflichtungen haben, ist in widersprechender Weise beantwortet worden. Im wesentlichen stehen sich zwei Anschauungen gegenüber.

Die eine erklärt diese außerstatutarische Abmachung für ein *pactum de contrahendo*, welches einen oder beide Kontrahenten zum Abschlusse von Verträgen über wiederkehrende Leistungen, namentlich also Rübenlieferungen, verpflichte,[2] die andere Meinung hält die zwischen Gesellschaft und Aktionären über die Nebenleistungen getroffenen Vereinbarungen für *in complexu* abgeschlossene fertige Hauptverträge oder auch für einen einzigen fertig abgeschlossenen einheitlichen Vertrag über nach gewissen Grundsätzen wiederholt zu leistende *res futurae*, z. B. über den mit einem *pretium certum* zu vergütenden alljährlichen Ertrag des während der Dauer der Gesellschaft vom Aktionär mit Rüben zu bebauenden Feldareals.[3]

Für eine dieser Anschauungen sich zu entscheiden, ist im allgemeinen unmöglich. Die Entscheidung hängt vielmehr von den Einzelbestimmungen der Vereinbarung ab. Es wird darauf an-

---

[1] Vgl. Wolff Z. S. 29 ff., 45, 61, Puchelt zu 219 a. 4, R.G. XVII 16 ff., Bachmann S. 75 und Lippmann S. 175 a. 68, 213 f., der darin seltsamerweise eine Gesetzesumgehung findet.

[2] Gutachten der Jur. Fakultät Jena bei West S. 106 f., ähnlich die Gutachten der Fakultäten Heidelberg, Berlin, Halle, Tübingen; vgl. ferner Wolff W. S. 333, Wolff Z. S. 15, Lippmann S. 163 ff., Dernburg B.R. II 1. Abt. S. 183 f., Degenkolb im Arch. f. c. Pr. Bd. 71 S. 81 ff., der die Rübenlieferungsverträge unter den Begriff der Komplexabreden subsumiert.

[3] So das Gutachten der Jur. Fakultät Leipzig bei West S. 107 ff., vgl. auch das Gutachten der Fakultät Göttingen a. a. O. S. 109 ff., ferner Lippmann S. 158 ff.

kommen, ob die auf Grund der allgemeinen Abmachung sich realisierenden einzelnen Leistungen und die dafür zu gewährenden Vergütungen ohne nochmalige zweiseitige Abmachungen der Beteiligten, also lediglich auf Grund der von vornherein ein für allemal geschehenen Festsetzung sich entwickeln, so daß für einen neuen Konsens nur bezüglich der Erfüllung, nicht aber behufs Begründung der Verpflichtung Raum verbleibt (Behrend S. 787), was namentlich der Fall ist, wenn Leistungen und Gegenleistungen ein für allemal festbestimmt oder kraft einseitiger Willenserklärung eines Kontrahenten oder eines Dritten objektiv bestimmbar sind, oder aber ob es, um die einzelnen Leistungen und Gegenleistungen *in concreto* zu bestimmen, noch besonderer zweiseitiger Vereinbarungen der Parteien bedarf, zu deren Abschluß die allgemeine Abmachung zwar verpflichtet, die aber keineswegs schon in allen ihren Essentialien in dieser letzteren enthalten sind, sondern auf Grund des in der allgemeinen Abmachung enthaltenen Materials erst die konkreten Leistungen und Gegenleistungen bestimmen, also nicht bloß die Erfüllung schon bestehender Leistungspflichten betreffen.

Im ersteren Falle würden *in complexu* abgeschlossene fertige Hauptverträge, im letzteren würde ein Vorvertrag anzunehmen sein. Um zu exemplifizieren, würde also ein *pactum de contrahendo* namentlich dann vorliegen, wenn der Aktionär lediglich verpflichtet ist, der Aktiengesellschaft auf Verlangen gegen ein jeweils zu vereinbarendes angemessenes Entgelt nach dem Bedarf der Gesellschaft und der Leistungsfähigkeit des Aktionärs zu bemessende Quanten Rüben zu liefern. Die Vereinbarung geht in diesem Falle nicht dahin, den Aktionär gegen ein bestimmtes Entgelt zu einer festbestimmten Leistung zu verpflichten, sondern die Gesellschaft will den Aktionär nur verpflichten, mit ihr auf Verlangen Rübenlieferungsverträge abzuschließen.

Desgleichen dürfte ein Vorvertrag im Falle der Deklaration der Rübenäcker vorliegen, wo zunächst nur die Verpflichtung besteht, Rüben zu liefern, welche auf einer zwischen den Aktionären und der Gesellschaft vertraglich noch zu vereinbarenden Ackerfläche gewonnen werden sollen, wo also vorerst nur eine noch nicht in allen Essentialien bestimmte Verpflichtung vorliegt und erst mit der Genehmigung der deklarierten Ackerfläche die Individualisierung des Vertragswillens der Parteien erfolgt.

Dagegen liegt nicht ein Vorvertrag, sondern liegen *in complexu* abgeschlossene Hauptverträge vor in allen Fällen, in denen der Aktionär ein *genus* zu leisten hat und einseitig sein Wahlrecht ausübt, überhaupt dort, wo die Konzentration der Leistung nur durch das einseitige Ermessen eines Kontrahenten geschieht, der Raum für ein *contrahere* also fehlt. Doch sind diese Ergebnisse in der Literatur vielfach bestritten.[1]

III. **Wesen des Nebenleistungsvertrags.** Ebenso kann die Frage, als Verträge welcher Art die einzelnen auf Grund des Vorvertrags sich entwickelnden Nebenleistungskontrakte bezw. die *in complexu* abgeschlossenen Hauptverträge anzusehen seien, nur auf Grund der näheren Bestimmungen der fraglichen Abmachungen beantwortet werden. Jedenfalls sei aber wiederholt, daß alle derartigen Abmachungen allenthalben nach dem Vertragsrecht des bürgerlichen bezw. des Handelsrechts zu beurteilen sind und daß es sich danach entscheidet, welchen Inhalt ein solcher Vertrag haben kann und ob eine solche Abmachung etwa einem vom Gesetz besonders geregelten Vertragstypus, z. B. dem Kauf und somit dessen Rechtsregeln unterfällt.

In den meisten Fällen wird es sich bei den Vereinbarungen über Nebenleistungen um Kaufverträge handeln, doch sind auch Vereinbarungen häufig, kraft deren der Aktionär zwar zum Angebot der Leistung, die Gesellschaft aber nicht zur Abnahme derselben verpflichtet ist. Bei den Rübenzuckerfakriken insbesondere wird es sich zudem meist um keine reinen Kaufverträge handeln, da der Aktionär außer zur Rübenlieferung meist noch zu einer bestimmten Art der Rübenkultur verpflichtet ist, andererseits außer dem Anspruch auf einen Preis vielfach noch einen Anspruch auf unentgeltliche Überlassung der aus den Rüben gewonnenen Nebenprodukte hat.

Doch soll darauf nicht näher eingegangen und nur noch hervorgehoben werden, daß der Nebenleistungsvertrag auch darauf

[1] Vgl. Wolff Z. S. 17, 55, Göppert in der Krit. Vierteljahrsschrift XIV 400, Behrend S. 787, Degenkolb a. a. O., Lippmann S. 167, 172, Dernburg Pandekten II § 10, Dernburg B.R. II 1. Abt. S. 183.

gerichtet sein kann, nach Absicht der Parteien den einen Vertragsteil aus dem Vermögen des anderen unentgeltlich zu bereichern (vgl. B.G.B. § 518), wie sich die Nebenleistungsabmachung natürlich u. a. auch als Tausch-, Leih-, Darlehns-, Dienst-, Werk- oder Verwahrungsvertrag darstellen kann.[1]

IV. **Einzelheiten.** Die Frage, wer die Vereinbarungen über die Nebenleistungen mit den Aktionären auf seiten der Gesellschaft trifft, ob der Vorstand oder die Generalversammlung, richtet sich in erster Linie nach den statutarischen Bestimmungen über die Geschäftsführung und Geschäftsverteilung, in jedem Fall aber kann die Generalversammlung selber aus eigener Machtvollkommenheit die Entscheidung an sich ziehen und den Vorstand und den Aufsichtsrat mit bindenden Anweisungen versehen (vgl. Cosack 5. Aufl. S. 626, Wolff Z. S. 30f.). Da nun aber gemäß Art. 190, 221 bezw. § 252 der Aktionär bei einer Beschlußfassung in der Generalversammlung, welche die Vornahme eines Rechtsgeschäfts mit ihm selbst betrifft, kein Stimmrecht hat und da es kaum angängig sein dürfte, erst einen Teil der Aktionäre über die mit dem anderen Teil der Aktionäre zu treffenden Vereinbarungen und sodann diesen Teil über die Abmachungen mit jenem Teil abstimmen zu lassen, so hat Wolff Z. S. 31 vorgeschlagen, und dem wird beizustimmen sein, die Generalversammlung über die Normen beschließen zu lassen, nach denen dann die Verträge über die Nebenleistungen mit den Aktionären von dem Vorstand abzuschließen sind.

Hinsichtlich der Frage, inwieweit eine Verknüpfung der Vereinbarungen über die Nebenleistungen mit dem Aktienrecht statthaft ist, hat folgendes zu gelten. Selbstverständlich ist es nach den allgemeinen Grundsätzen des Vertragsrechts zulässig, daß der Bestand des Nebenleistungsvertrags von dem Bestehen der Mitgliedschaft als auflösender Bedingung mit der Maßgabe abhängig gemacht wird, daß mit der Beendigung der Mitgliedschaft auch die Wirkungen des Nebenleistungsvertrags endigen.[2] Desgleichen

---

[1] Vgl. Ring S. 234, 414, Wolff Z. S. 16 a. 44, 56 ff., 50 ff., Behrend S. 787..

[2] Vgl. R.G. XXI 155, XXVI 89, Lehmann-Ring zu 210 a. 10, Makower S. 450, Rudorff zu 212, Staub zu 212 II 1a, B.G.B. § 158, 2.

ist es natürlich möglich, daß die für die Nebenleistung zu gewährende Gegenleistung von einem der Vertragsschließenden oder einem oder mehreren Dritten, also z. B. von dem Vorstand, dem Aufsichtsrat oder der Generalversammlung zu bestimmen ist. Und zwar ist die Bestimmung in solchen Fällen nur im Zweifel nach billigem Ermessen zu treffen.[1] Ebenso steht einer Vertragsbestimmung des Inhalts kein Bedenken entgegen, daß die Höhe der zu gewährenden Gegenleistung von außerhalb des Vertragsverhältnisses liegenden Umständen, etwa von der finanziellen Lage der Gesellschaft als der Empfängerin der Leistung des Aktionärs abhängig gemacht wird.[2] Erhält in letzterem Fall der Aktionär überhaupt keine Vergütung, so ist auch dies *in eventu* als gewollt anzusehen und der etwa prinzipaliter beabsichtigte Kaufvertrag würde sich gegebenenfalls als Schenkvertrag effektuieren (vgl. Lippmann S. 155, Bauer V. S. 5). Für unumgänglich erforderlich in allen diesen Fällen ist nur zu halten, daß Leistung und Gegenleistung, oder der Umstand, daß keine Gegenleistung zu gewähren ist, mit Sicherheit bestimmt werden kann, also nicht unmittelbar festbestimmt zu sein braucht, wohl aber objektiv bestimmbar ist. Ist dagegen die Leistung oder die Gegenleistung wegen zu großer Unbestimmtheit nicht realisierbar, so ist das ganze Rechtsverhältnis unwirksam (vgl. Lippmann S. 154).

Was die Abänderung derartiger Verträge anlangt, so steht diese natürlich unter den allgemeinen Regeln des Vertragsrechts, bedarf also grundsätzlich des Konsenses beider Parteien. Doch ist möglich, daß die zur Nebenleistung verpflichteten Aktionäre hinsichtlich gewisser Punkte bestimmten Gesellschaftsorganen ein-

---

[1] Vgl. B.G.B. §§ 315 ff., Suchsland S. 28, Wolff Z. S. 45. Das Reichsgericht allerdings hält eine Bestimmung des Preises nach Willkür offenbar u. a. U. für unzulässig, R.G. XXVI 90.

[2] Ebenso Lippmann S. 153 f., mit dem Bemerken, daß der Fall völlig dem gleich stehe, wo der Käufer die Preiszahlung auf die Zeit seiner besseren Verhältnisse versprochen hätte; Solvenz des Käufers sei nicht Erfordernis des Kaufvertrags. Derselben Meinung auch Suchsland S. 10 ff., der den Begriff der gewagten Geschäfte anwendet. Vgl. noch Wolff bei Holdheim V. S. 215 ff.

seitige Abänderungen gestatten und sich denselben bereits im voraus unterwerfen.[1]

Die Frage der Kaduzierung der Aktie betreffend, so ist eine solche naturgemäß wegen Nichterfüllung der Nebenleistungspflicht nicht für statthaft zu erachten, da die Verletzung der übernommenen Nebenleistungspflicht das aktienrechtliche Verhältnis nicht berührt und eine Kaduzierung nach dem Gesetz nur wegen Nichtzahlung des eingeforderten rückständigen Kapitalbetrags zulässig ist (vgl. Ring 1. Aufl. S. 234, Wolff Z. S. 36).

Auf der anderen Seite steht aber auch, da mit der Aktie an sich lediglich Rechte verbunden sind, der Abandonnierung der Aktie seitens des Aktionärs nichts im Wege, ohne daß natürlich aber dadurch der Nebenleistungsvertrag berührt würde.[2]

Die Übertragung der Aktie, deren Inhaber zugleich Nebenleistungen übernommen hat, endlich anlangend, so vollzieht sich dieselbe durchaus nach den allgemeinen Regeln und es ist lediglich Sache des Nebenleistungsvertrags, durch besondere Bestimmungen das Zusammenbleiben beider Verhältnisse sicherzustellen (vgl. S. 32 Anm. 1).

V. **Schluß.** Daß mit der hier als allein für zulässig erklärten Form der Auferlegung von Nebenleistungen den Aktiengesellschaften des alten Rechts nur sehr wenig gedient war, ist ohne weiteres zuzugeben, denn der tatsächlich beabsichtigte und für das Leben und Gedeihen so notwendige Zusammenhang der Nebenleistungspflicht mit der Aktionärbeteiligung wird hier juristisch nicht nur in keiner Weise gewährleistet, sondern sogar in aller Form zerstört und die Möglichkeit des Auseinanderfallens von Aktie und Nebenleistungspflicht durchaus gegeben. Doch beweist dies lediglich eine Unvollkommenheit des alten Aktienrechts und kann keinesfalls dazu führen, durch juristisch unhaltbare Konstruktionen ein erfreulicheres Resultat erzielen zu wollen (vgl. Wolff Z. S. 32).

---

[1] Vgl. Suchsland S. 27 ff., Wolff A. S. 336, Berl. Börsenztg. a. a. O., Ring 1. Aufl. S. 234, R.G. XVII 17, 19.

[2] Vgl. R.G. XVII 3 ff., XXVI 97, B. III 805, Fischer S. 38, Hergenhahn S. 107 d, Behrend S. 697, 805.

§ 10.

Die gesetzliche Neuregelung.

I. **Geschichtliches.** Die statutarische Nebenleistungspflicht hat den Gesetzgeber zum ersten Male im Jahre 1884 bei Gelegenheit der Schaffung der Aktiennovelle vom 18. Juli dieses Jahres beschäftigt. In der zur Beratung über den Entwurf dieses Gesetzes eingesetzten Reichstagskommission war nämlich in Anregung gekommen, ob sich mit Rücksicht namentlich auf die Rübenzuckergesellschaften nicht eine Abänderung des Art. 219 nach der Richtung empfehle, daß die Nebenleistungspflicht als ein Annex der Aktie erscheine. Dem wurde in der Kommission entgegnet, daß sich keinerlei Unzuträglichkeiten herausgestellt hätten, da den fraglichen Gesellschaften mit der vinkulierten Namensaktie ein von ihnen auch zumeist angewandtes Mittel an die Hand gegeben sei, um den Besitz der Aktie und die Verpflichtung zu den Nebenleistungen in einer Person zusammenzuhalten (vgl. Komm.-Ber. I S. 16 f.). Diese Gründe wurden denn auch in der Kommission für durchschlagend erachtet und der Art. 219 blieb unverändert.

Wenige Jahre darauf wurde dann die Frage nach der rechtlichen Natur der statutarischen Rübenlieferungspflicht eine brennende. Es stellten sich die mannigfachsten Unzuträglichkeiten und Schwierigkeiten heraus, und die heterogensten Versuche, die Rechtsbeständigkeit der statutarischen Nebenleistungspflicht so oder so zu retten, wurden unternommen. Selbst der äußerlich ziemlich einheitlichen Judikatur des Reichsgerichts gegenüber kam der Streit nicht zur Ruhe und so brachte denn der im Reichsjustizamt aufgestellte, 1896 veröffentlichte Entwurf eines H.G.B.s in seinen §§ 197, 200 im wesentlichen dieselben Bestimmungen, welche heute in den §§ 212, 216 des neuen H.G.B.s geltendes Recht sind, und schuf damit neben der im alten Recht normierten und auch heute noch als Hauptform anzusehenden Gestaltung eine Nebenform der Aktiengesellschaft, die den Rübenzuckergesellschaften auf den Leib zugeschnitten ist, jedoch sich auch für andere Zwecke einbürgern mag (vgl. Gierke in Z. Bd. 45 S. 490, Wolff W. S. 321).

In der Denkschrift S. 131 f. werden denn auch die Schwierigkeiten, die die Bestimmung des Art. 219 für die Rübenzuckerfabriken im Gefolge hatte, zum Ausgangspunkt der neuen Vorschrift genommen und die im Sinne der Aufrechterhaltung der statutarischen Rübenlieferungspflicht unternommenen Versuche der Rechtsprechung als Notbehelf erklärt, der der wirklichen Natur des Verhältnisses und der Absicht der Parteien nicht gerecht werde. Zwar weist demgegenüber die Denkschrift selbst auf die Gesellschaft mit beschränkter Haftung hin, die sich insbesondere für die Zuckerfabriken mit Rübenbaupflicht der Aktionäre in manchen Beziehungen besser eigne als die Aktiengesellschaft, doch habe, so fährt die Denkschrift fort, die letztere Vereinigungsform tatsächlich im weiten Umfange bei der Errichtung von Zuckerfabriken Verwendung gefunden und die Umwandlung der bestehenden Unternehmungen in eine andere Gesellschaftsart lasse sich erfahrungsgemäß nicht überall ohne Schwierigkeiten bewerkstelligen. Daher erscheine es geboten, Abhilfe auch auf dem Gebiete des Aktienrechts zu schaffen.

Obwohl nun schon nach der Veröffentlichung des ersten Entwurfs im Juli 1896 gegen die neuen Bestimmungen von verschiedenen Seiten die erheblichsten Bedenken geltend gemacht wurden, so wurden doch die Bestimmungen gleichwohl im zweiten Entwurf aufrecht erhalten und nur durch die die bestehenden Gesellschaften berücksichtigende Vorschrift des heutigen § 276 ergänzt.

Desgleichen brachten sodann die Beratungen im Reichstag den neuen Bestimmungen seitens der Abgeordneten Traeger, Frese, Bassermann und Lenzmann eine Reihe von Angriffen, die sich im wesentlichen auf prinzipielle Bedenken und Bedenken hinsichtlich der allgemeinen Fassung der neuen Vorschriften stützten.[1]

Der in der Reichstagskommissionsberatung gestellte Antrag auf Streichung der Bestimmungen wurde jedoch, nachdem Staatssekretär Dr. Nieberding ausgeführt hatte, es handle sich nur um singuläre Vorschriften ohne allgemeine Bedeutung und man

---

[1] Sten. Ber. S. 4556, 4571, 4586, 4599, auch abgedruckt bei Hahn Materialien S. 476, 487, 507, 528.

konstruiere das Gesetz nicht einer juristischen Theorie zuliebe, sondern nach den Anforderungen des wirtschaftlichen Lebens, abgelehnt (vgl. Komm.-Ber. S. 66 ff.).

II. **Kritik.** Wie vor den Beratungen der neuen Bestimmungen im Reichstag, so sind wider sie auch in der Folgezeit des öfteren Bedenken laut geworden.[1] Angesichts ihrer kurzen Geltungszeit erscheint es jedoch noch nicht möglich, zu entscheiden, ob sich die Bestimmungen bewährt, insbesondere ob sie sich als ausreichend (vgl. D. S. 133, Riesser S. 105) erwiesen oder ob sie Schwierigkeiten im Gefolge gehabt haben.

Jedenfalls scheint die Rechtsentwicklung der letzten dreißig Jahre ergeben zu haben, daß die scharfe Abgrenzung der Aktiengesellschaft von anderen Gesellschaftsformen in bezug auf die Haftungsfrage, wie sie im alten Recht geregelt war, mit den wirtschaftlichen Anschauungen und Bedürfnissen nicht mehr im Einklange stand, die als allgemeine Rechtsform gedachte Aktiengesellschaft allzusehr auf kapitalistisches Gebiet isolierte und eine Anschmiegung an den jeweiligen Zweck verhinderte (vgl. Lehmann S. 222, Riesenfeld bei Holdheim VI S. 51). Deshalb kann man unter allen Umständen der regierungsseitig vertretenen Ansicht beipflichten, daß theoretische Bedenken eine dem alten Recht widersprechende Regelung nicht verhindern durften, zumal von der Freiheit des § 212, welcher allerdings in gewissem Sinne die Durchbrechung des weder im alten deutschen Aktienrecht, noch in den außerdeutschen Gesetzgebungen rein durchgeführten Prinzips der beschränkten Haftung bedeutet[2], aller Voraussicht nach nach

---

[1] Vgl. Makower-Simon S. 34, Wolff bei Holdheim VI S. 75 ff., Riesenfeld eod. S. 51 ff., Lubszinski S. 36, Ring in Jur.Ztg. I S. 411, Riesser eod. S. 156, Riesser S. 105 f., Gierke H.G.B. Entw. S. 29, Gierke in Z. Bd. 45 S. 490, Weinhagen bei Holdheim V S. 402, Riesser bei Holdheim VIII S. 273, Wolff W. S. 326, 349.

[2] Vgl. Lehmann S. 216 ff., Pinner zu 211 Nr. 1, Lehmann S. 222 ff., Riesenfeld bei Holdheim VI S. 51 ff., Riesser bei Holdheim VIII S. 273, Komm.-Ber. II S. 68. — Die prinzipielle Möglichkeit, den Aktionären neben den Kapitaleinlagen noch andere Verpflichtungen aufzuerlegen, wird heute zumeist anerkannt. So D. S. 132, Gierke G. Th. S. 231, 918, Weinhagen bei Holdheim V S. 402. A. M. Wolff bei Holdheim VI S. 77.

Lage der Sache in der Tat kaum umfassender Gebrauch gemacht werden dürfte.[1]

Gerade deshalb erscheint auch der Umstand, daß das neue Gesetz mit seinen Bestimmungen über das in der Praxis mehr oder weniger bereits hervorgetretene Bedürfnis hinausgegangen ist, und die Möglichkeit, daß sich infolge der Aufnahme einer generellen, statt lediglich einer die Rübenzuckergesellschaften oder andere mit der Landwirtschaft zusammenhängende Gewerbe regelnden Vorschrift auch andere Zweige des wirtschaftlichen Lebens, als die ursprünglich ins Auge gefaßten die so gewährte Freiheit zunutze machen, keineswegs bedenklich (vgl. Wolff W. S. 327 f.).

Desgleichen kann der Einwand, daß der Aktionär durch die Übernahme unübersehbarer Verpflichtungen in seiner wirtschaftlichen Sicherheit gefährdet werde, für stichhaltig nicht erachtet werden, denn auch nach altem Recht schon konnten dem Aktionär derartige unübersehbare Verpflichtungen, wenn auch nur vertragsmäßig, auferlegt werden.

Durchschlagende Bedenken liegen also demnach gegen die neuen Bestimmungen nicht vor, und jedenfalls sollte man vorerst abwarten, in welchem Umfange und mit welchem Erfolge von den neuen Bestimmungen Gebrauch gemacht werden wird, bevor man den Stab über ihnen bricht.[2]

---

[1] Lehmann im Arch. f. c. Pr. Bd. 86 S. 330 weist darauf hin, daß von einer Negotiabilität der Aktie keine Rede sein könne. Vgl. ferner Wolff W. S. 330, 349, Gierke in Z. Bd. 45 S. 490, Riesser S. 107, Entw. Gt. m. b. Htg. S. 31.

[2] Die Anwendbarkeit der neuen Bestimmungen anlangend, so dürfte auch in Zukunft die Rübenzuckerfabrikation einer ihrer Hauptanwendungsfälle bleiben, doch dürfte sich praktisch die Nebenleistungsaktiengesellschaftsform auch für Spiritusbrennereien und andere landwirtschaftliche Nebengewerbe eignen. Vielfach endlich ist in der Literatur auf die Möglichkeit hingewiesen worden, daß Kartelle und Syndikate sich in der Form der Nebenleistungsaktiengesellschaft konstituieren werden, in der Weise, daß eine Zentrale als A.G. begründet wird, an welche die einzelnen Mitglieder der Konvention als Aktionäre ihre Produktion abzuliefern haben und zwar gegen einen bestimmten oder nach gewissen Grundsätzen zu bestimmenden Preis. Vgl. Wolff W. S. 328 ff., Riesser S. 104 f., Strauss S. 52, Meyer S. 41, Staub zu 212 I, Ring in Jur.Ztg. I S. 411.

Dritter Teil.

Das geltende Recht.

§ 11.
Die Nebenleistungspflicht des Aktionärs.

I. **Das Wesen der Nebenleistungspflicht.** Nach § 178 sind die sämtlichen Gesellschafter der Aktiengesellschaft mit Einlagen auf das in Aktien zerlegte Grundkapital der Gesellschaft beteiligt, es muß also einem jeden Mitglied die Verpflichtung zur Leistung einer Kapitaleinlage auferlegt werden (vgl. Gareis Lehrb. 7. Aufl. S. 244). Diese Verpflichtung zur Kapitaleinlage ist aber zugleich auch die einzige Verpflichtung des Aktionärs, die auf zwingender Gesetzesvorschrift beruht, wennschon sie nicht die einzige Verpflichtung des Aktionärs schlechthin zu sein braucht (vgl. Cosack 6. Aufl. S. 594). Das Statut der Aktiengesellschaft[1] kann nämlich gemäß § 212 bestimmen, daß der Aktionär neben der Kapitaleinlage[2] zu wiederkehrenden, nicht in Geld bestehenden Leistungen verpflichtet sein soll. Eine derartige Statutenbestimmung hängt also vom freien Willen der Gründer ab.

Läßt demnach aber § 212 zu, daß die Nebenleistungspflicht des Aktionärs im Statut festgesetzt werden kann, so folgt daraus nach dem oben dargelegten ohne weiteres, daß diese Verpflichtung schon deshalb, weil sie ins Statut aufgenommen werden darf, dann, wenn sie wirklich statutarisch begründet wird, als gesellschaftliche Verpflichtung anzusehen ist und daß sie außerhalb des Statuts als gesellschaftliche nicht begründet werden kann. Dies ergibt sich zudem ohne weiteres aus dem Wortlaut des Ge-

[1] Gemäß § 320 Abs. 3 sind die §§ 211, 212, 216 auf die Kommanditgesellschaft auf Aktien anwendbar, vgl. Makower S. 805, Staub zu § 320 a. 58.

[2] Kann somit die Nebenleistungspflicht nur neben der Kapitaleinlage auferlegt werden, so ist ein Statut, welches allen oder einzelnen Aktionären lediglich Nebenleistungen auferlegt, ungültig (so Staub zu 212 II 1 b). Die A.G. beruht also auch weiterhin auf dem Grundkapital und gegenüber der Kapitaleinlage ist die Verpflichtung aus § 212 nur Nebenverpflichtung, so Lehmann-Ring S. 430.

setzes und ist nach der Denkschrift die Meinung des Gesetzgebers gewesen.[1]

Der tiefgreifende Unterschied zwischen dem alten und dem neuen Recht besteht also darin, daß heute die statutarische Nebenleistungspflicht des Aktionärs als gesellschaftliche Verpflichtung im Statut und kraft Statuts begründet werden kann, daß sie der Aktionär als solcher zugleich mit der Kapitaleinlage und ebenso wie diese übernimmt, während nach altem Recht nur eine vertragsmäßige und jedenfalls außerstatutarische Übernahme der Nebenleistungspflicht in Frage kam.[2]

Gestattet somit das neue Recht den Aktiengesellschaften, die Nebenleistungspflicht der Aktionäre als gesellschaftliche Verpflichtung zu statuieren, so ist damit natürlich nicht gesagt, daß eine derartige Nebenleistungspflicht unter dem neuen Recht nur noch statutarisch begründet werden dürfe. Es ist vielmehr selbstverständlich zulässig und bereits oben erwähnt worden, daß die Aktiengesellschaft wie nach altem, so auch nach neuem Recht mit ihren Aktionären als dritten Personen außerhalb des aktienrechtlichen Verhältnisses Verträge jeder Art und ohne daß dabei die Schranken der §§ 211, 212 in Frage kämen, schließen kann, daß insbesondere auch heute die Rübenlieferungspflicht außerhalb des Statuts vertragsmäßig begründet werden kann.[3]

Ist darnach aber die nach § 212 zulässige Nebenleistungspflicht eine gesellschaftliche Verpflichtung, so erhebt sich des weiteren die Frage, ob sie als eine Einlage des Aktionärs im technischen Sinne aufzufassen ist, oder ob das nicht angängig ist. Was zunächst den Begriff der Einlage anlangt, so dürfte derselbe trotz der von verschiedenen Seiten laut gewordenen Bedenken auch nach neuem Recht noch gleichbedeutend sein mit

---

[1] Ebenso Staub zu § 212 I, Pinner S. 94, Wolff W. S. 333, Kaufmann S. 49, Lehmann-Ring zu 212 a. 1, vgl. Rudorff zu § 216, Keyssner-Simon 5. Aufl. S. 59, R.G. XXI 151, XLVIII 106.

[2] Es ist deshalb unverständlich, wenn Scherer S. 93 sagt, der § 212 kodifiziere die Rechtsprechung des Reichsgerichts.

[3] Vgl. Staub zu 212 I, II 1a, Pinner zu 212 a. 10, Makower S. 449, 450, Rudorff zu 212, Lehmann-Ring zu 212 a. 10, Bauer S. 43, R.G. XXVI 89, Weyl S. 92.

dem Begriff der Kapitaleinlage, also mit dem auf jede Aktie entfallenden und in derselben als ihr Nominalbetrag zum Ausdruck zu bringenden Anteil an dem im Statut in Geld festgesetzten Grundkapital der Gesellschaft, der mit der Hingabe an die Gesellschaft ein Teil des Gesellschaftsvermögens werden, als solcher den Zwecken der Gesellschaft dienen, für die Verbindlichkeiten der Gesellschaft haften soll und auf dessen Rückgabe der Aktionär keinen Anspruch hat.[1] Ist dem aber so, so kann die Nebenleistungspflicht des § 212 natürlich als Einlage nicht angesehen werden, denn die Nebenleistungen oder gar die Nebenleistungspflicht sind eben gerade nicht bestimmt, ohne eine andere Vergütung als die Gewährung des Mitgliedschaftsrechts in das Gesellschaftsvermögen einverleibt zu werden und das Grundkapital zu bilden. Zudem erscheint die Verpflichtung des § 212 lediglich neben der Kapitaleinlage, also im Gegensatz zu ihr und vermeidet endlich das Gesetz offensichtlich, von den Nebenleistungen des § 212 als von Einlagen zu sprechen. Nach alledem wird man also die Nebenleistungspflichten des § 212 nicht als Einlage, sondern lediglich als gesellschaftliche Beiträge im weiteren Sinne anzusehen haben, die allerdings ebenso wie die Kapitaleinlagen in das Vermögen der Gesellschaft überzugehen bestimmt sind.[2]

Aus der Tatsache, daß die Nebenleistungen als Einlagen nicht angesehen werden können, folgt vor allem, daß das Recht auf die Nebenleistung als solches in der Bilanz der Gesellschaft nicht erscheint. Dagegen sind natürlich die in dem jeweiligen Bilanzjahr *in natura* empfangenen Leistungen und die dafür eventuell gezahlten oder noch zu zahlenden Vergütungen von der Gesellschaft nach der Vorschrift des § 261 in die jährliche Bilanz aufzunehmen, während es naturgemäß nicht angängig ist, erst

---

[1] Dies scheint sich ohne weiteres aus dem Gebrauche des Begriffes Einlage in den §§ 178, 186 Abs. 2 zu ergeben. Vgl. Makower S. 445 ff., Ring S. 410, 430, Lehmann S. 219, Gareis H.G.B. zu 211, Staub S. 637, R.G. XVII 14, Art. 207, 207a, 209, 209b, §§ 178, 221, 186.

[2] Vgl. Pinner S. 94, Wolff W. S. 334, Rudorff zu 212 Abs. 1, Lehmann im Arch. f. c. Pr. Bd. 86 S. 329, Staub S. 383 ff., 543, Lehmann-Ring zu 211 a. 1, Makower S. 198, 354, 445 ff., Ring S. 410, Löwenfeld S. 61, Wolff bei Holdheim VI S. 76, R.G. XVII 14.

zukünftige Leistungen und Gegenleistungen in die Bilanz einzustellen und einen Gewinn oder Verlust aus denselben schon für die jetzige Bilanz herauszurechnen.[1]

II. **Der Umfang der Verpflichtungen des Aktionärs.** Den prinzipiellen Umfang der gesellschaftlichen Verpflichtungen des Aktionärs anlangend, so ist oben § 4 der Grundsatz aufgestellt worden, daß die Aktiengesellschaft ihre Aktionäre zur Erreichung der Gesellschaftszwecke soweit in Anspruch nehmen dürfe, als das Gesetz nicht positive Einschränkungen trifft. Während nun aber das alte Recht den Grundsatz enthielt, daß die gesellschaftlichen Verpflichtungen des Aktionärs gegen die Aktiengesellschaft sich, abgesehen von sekundären Nebenleistungen, in der Kapitaleinlage erschöpfen, gibt das neue Recht in den §§ 211, 212 das Prinzip der beschränkten Haftung in dieser Form preis. Es erhebt sich nur noch die Frage, in welchem Umfange dies geschieht, mit anderen Worten, welche positiven Einschränkungen das neue Gesetz gegenüber der letzten Endes geltenden unbeschränkten Beitragspflicht des Aktionärs macht.

Hinsichtlich der Verpflichtung des Aktionärs zu Leistungen an die Gesellschaft gibt nun das neue Recht zunächst eine Einschränkung bezüglich der Kapitaleinlagen. Es bestimmt nämlich im § 211 unmißverständlich, und zwar in der Form eines absoluten Rechtssatzes, auf dessen Schutz der Aktionär, selbst wenn er es wollte, nicht verzichten kann, daß die Verpflichtung des Aktionärs zur Leistung von Kapitaleinlagen durch den Nenn- bezw. den Ausgabebetrag der Aktie begrenzt werde, daß also der Aktionär zwar den Aktienbetrag an die Gesellschaft zu leisten verpflichtet, nicht aber gehalten sei, zur Ergänzung des Grundkapitals Nachschüsse zu zahlen.[2]

Betrachtet man nun diese Bestimmung des § 211 in Isolierung auf sich selbst und hält man sich den eingangs dieses Abschnittes erwähnten Grundsatz vor Augen, so gelangt man zu

---

[1] Vgl. § 261 Z. 5, Pinner S. 94, Wolff W. S. 334, Lehmann Arch. f. c. Pr. Bd. 86 S. 329, Esser 5. Aufl. S. 201, Makower S. 588 ff., Simon S. 180 ff.

[2] Vgl. Staub zu 211 a. 1 u. 2, Kaufmann S. 49, Lehmann-Ring zu 211 a. 2, Rudorff zu 211, Dove zu 211, Keyssner-Simon 5. Aufl. S. 58, D. S. 132, R.O.H. XXIII S. 297.

einer Auslegung des § 211 des Inhalts, daß die Aktiengesellschaft ihre Aktionäre zur Beschaffung und Erhaltung des Grundkapitals nur mit dem Aktienbetrag, sonst aber unbeschränkt, insbesondere auch zu Kapitalleistungen, welche nicht Kapitaleinlagen sind, sowie zu Naturalleistungen und Diensten heranziehen darf. Gäbe diese Auslegung des § 211 den wirklichen Sinn des Paragraphen wieder und hielte man nun dieser Auslegung den § 212 entgegen, so folgte daraus für § 212, daß dieser nicht bloß etwas Selbstverständliches und Überflüssiges, sondern weil er sich ganz unnötig und unverständlich einschränkte, geradezu etwas Widersinniges und Sinnloses ausspräche (vgl. Lehmann-Ring S. 430). Die auf Grund einer isolierten Betrachtung gewonnene Auslegung des § 211 führt demnach zu einem unmöglichen Resultat, das Gesetz verlangt also eine andere Interpretation. Und da bleibt denn nur übrig anzunehmen, daß das Gesetz von dem allerdings nicht positiv zum Ausdruck gekommenen Grundsatz ausgegangen ist, daß die Aktiengesellschaft dem Aktionär nur solche Verpflichtungen auferlegen darf, die es aufzuerlegen ausdrücklich gestattet, daß also hinsichtlich der Kapitaleinlagen § 211, hinsichtlich aller übrigen denkbaren Verpflichtungen § 212 die Grenzen bezeichnet, in denen eine Verpflichtung des Aktionärs zulässig ist. Die Notwendigkeit dieser Annahme folgt, wenn anders man überhaupt zugeben will, daß das Gesetz von einem Prinzip ausgegangen ist, mit Sicherheit daraus, daß das allein noch denkbare gegenteilige Prinzip, wie gezeigt, unter allen Umständen abzulehnen ist.[1]

Nach alledem kommen wir zu dem Resultat, daß außer den Verpflichtungen, welche dem Aktionär nach §§ 211, 212 auferlegt werden können bezw. auferlegt werden müssen, zu Lasten des Aktionärs gesellschaftliche Verpflichtungen anderer Art statutarisch nicht begründet werden dürfen und daß, wenn es trotzdem geschieht, diese Statutenbestimmungen nach dem oben § 3 dargelegten nichtig sind, daß also die §§ 211, 212 in ihrer Ver-

[1] Daß durch dieses Ergebnis der eingangs erwähnte Grundsatz: die A.G. könne ihren Aktionären grundsätzlich ungemessene Verpflichtungen auferlegen, nicht berührt wird, bedarf keiner Ausführung, vgl. namentlich D. S. 132, Makower S. 451.

bindung die weitergehende Bedeutung haben, daß sie die Verpflichtung des Aktionärs gegenüber der Aktiengesellschaft überhaupt erschöpfen.[1, 2]

Nicht unerwähnt bleibe jedoch, das gegebenenfalls, wie nach altem, so auch nach neuem Recht, von dem Aktionär gewisse sekundäre Leistungen in der Form von Zinsen, Vertragsstrafen und Schädenansprüchen als gesellschaftliche Leistungen seitens der Aktiengesellschaft gefordert werden dürfen. Es sei in dieser Beziehung auf die §§ 212 Abs. 2, 218 verwiesen. Doch sei ausdrücklich hervorgehoben, daß auch hinsichtlich dieser sekundären Leistungen unter allen Umständen der Grundsatz gilt, daß derartige Leistungen dem Aktionär nur auferlegt werden dürfen, wenn das Gesetz für jeden einzelnen Fall ihre Auferlegung ausdrücklich gestattet, daß also auch hinsichtlich ihrer das Prinzip einer bestimmt umgrenzten Haftung gilt.[3]

III. **Der Begriff der Leistung in § 212.** Da die Behandlung der Verpflichtung des Aktionärs zur Leistung von Kapitaleinlagen aus dem Rahmen dieser Arbeit herausfällt, so wenden wir uns nunmehr zur Betrachtung des § 212 im besonderen, und hier wird es sich zunächst darum handeln, zu untersuchen, welchen Umfang die in § 212 geregelte Nebenleistungspflicht hat, oder, da nach dem Wortlaute des § 212 dem Aktionär alle Verpflichtungen auferlegt werden können, welche eine Leistung zum Gegenstande haben (vgl. Staub zu 212 II 1 a), wie der Begriff der wieder-

---

[1] Selbstverständlich kann aber der Aktionär mehr ohne Verpflichtung leisten, so Lehmann-Ring zu 211 a. 2. Vgl. im übrigen Staub zu 211 a. 7—9 und zu 212 II 1 a, Riesser S. 102, Lehmann-Ring zu 212 a. 10, Rudorff zu 212, 1, Makower S. 447, 451, R.G. XXI 156, B. XII 506, Rtspr d. O.L.G. II. Bd. S. 232, 233.

[2] Die Ausführungen der D. S. 132: an sich widerspreche es dem Wesen der A.G. nicht, die Beitragspflicht der Aktionäre auf andere Leistungen als Kapitaleinlagen, auszudehnen, immerhin aber dürfe man in dieser Beziehung nicht weiter gehen, als das Bedürfnis es verlange, sind als Rechtfertigung der Durchbrechung des Prinzips des Art. 219 und nicht als Auslegung der §§ 211, 212 zu verstehen.

[3] Vgl. Makower S. 465, 651, Staub zu 211 a. 7—9, Lehmann-Ring zu 211 a. 2, Lehmann S. 220, Wolff W. S. 335 f., Weyl S. 92, Ring S. 414, Gierke G. Th. S. 274, Renaud S. 533, 699, R.G. XXI 155.

kehrenden, nicht in Geld bestehenden Leistungen, insbesondere wie der Begriff der Leistung zu bestimmen ist.

Da nun Anhaltspunkte dafür, daß das Gesetz mit dem Begriff der Leistung in § 212 einen besonderen Sinn verbunden hat, vollständig fehlen, so hat man, da das Handelsgesetzbuch sich über den Begriff nicht ausgelassen hat, bei der Interpretation des § 212 den Begriff der Leistung zugrunde zu legen, wie er in dem das Handelsrecht ergänzenden bürgerlichen Recht gebraucht ist (Makower S. 448). Nun gibt aber auch das B.G.B. eine Definition des Leistungsbegriffes nicht und sagt in § 241 nur, daß die Leistung auch in einem Unterlassen bestehen könne, gibt also insbesondere keinen Aufschluß über die Frage, ob die Leistung einen Vermögenswert haben müsse, oder ob dieses Begriffsmerkmal fehlen könne. Somit ist man lediglich auf die außerhalb des Gesetzes im Gebiete des bürgerlichen Rechtes in Doktrin und Praxis geltenden Rechtsanschauungen angewiesen.[1]

Danach gibt es nun zweifellos Leistungen im Sinne des täglichen Lebens, die als Leistungen im Sinne des geltenden Rechts, als Leistungen, die Gegenstand eines Schuldverhältnisses (daß das Nebenleistungsverhältnis zwischen Aktiengesellschaft und Aktionär ein Schuldverhältnis begründet, ist unten noch auszuführen) sein können, füglich nicht zu gelten haben. Die Verpflichtungen, Klopstocks Messias zu lesen, vor Mitternacht nach Hause zu kommen,

[1] Dagegen erscheint es angesichts der ganz eigentümlichen mit dem Grundprinzip des bisherigen Aktienrechts brechenden Form der Nebenleistungs-A.G. unzulässig, bei der Interpretation des in § 212 angewandten Leistungsbegriffes von einem historischen, gleichsam für alle Zeiten und Rechte ein für allemal feststehenden Begriffe der A.G. auszugehen und danach den Leistungsbegriff des § 212 auszulegen. A. M. ist das Reichsgericht, welches (die Gefahr, die Entscheidung auf den allgemeinen Begriff der Leistung zu stellen und etwa einen allzuweiten Begriff der Leistung zu erhalten, umgehend) in Bd. 49 S. 77 ff. aus einem allgemeinen Begriff der A.G. herleitet, daß die Pflicht des Aktionärs gegen die A.G. sich in vermögensrechtlichen Leistungen erschöpfe und welches den so gefundenen Satz ohne weiteres auch auf die Nebenleistungs-A.G. anwendet, obwohl doch zweifellos die Nebenleistungs-A.G. zumindestens hinsichtlich der Leistungspflicht des Aktionärs anderen Rechtssätzen als die gewöhnliche Form der A.G. untersteht.

geistige Getränke nicht mehr zu sich zu nehmen usw., können rechtsverbindlich nicht begründet und als Leistungen im Rechtssinne nicht versprochen bezw. auferlegt werden. Sie alle würden nicht Leistungen an den Gläubiger sein, würden dem Gläubiger nicht zugute kommen, den wirtschaftlichen Zwecken des Gläubigers nicht dienen, für ihn überhaupt kein wirtschaftliches Interesse haben. Leistungen im Sinne des heutigen Rechts sind aber nur Leistungen von Verkehrsinteresse, von Vermögens-, von wirtschaftlichem Interesse, geldwerte, geschäftsmäßige Leistungen, Leistungen, die sich im Verkehr für Geld beschaffen lassen, also nur vermögensrechtliche Leistungen.[1]

Auf dem Wege der isolierten Begriffsbestimmung gelangen also auch wir zu dem Satze, den das Reichsgericht (IL 79) voraussetzt, daß sich die Verpflichtung des Aktionärs nach §§ 211, 212 in vermögensrechtlichen Leistungen erschöpft, daß also insbesondere auch die wiederkehrenden, nicht in Geld bestehenden Leistungen des § 212 nur Leistungen von Vermögenswert sein dürfen (vgl. Makower S. 448).

Wir vermögen aber dem Reichsgericht selbst im Resultat nicht zu folgen, wenn es a. a. O. des weiteren ausführt, daß bei den Leistungen des Aktionärs dessen Person, seine persönliche Qualifikation ganz zurücktrete. Es gibt nämlich vermögensrechtliche Leistungen, die eine bestimmte persönliche Qualifikation des Leistenden voraussetzen und es ist nach den oben vertretenen Anschauungen nicht einzusehen, warum auf Grund des § 212 derartige Leistungen den Aktionären nicht sollten auferlegt werden dürfen.[2]

Hinsichtlich der Rübenzuckergesellschaften hat vor allem Wolff Z. S. 32 und vor ihm schon West S. 141, 142 ausgeführt, daß dieselben keineswegs auf rein kapitalistische Tendenzen gestellt sind, ja daß das in der Rübenbauverpflichtung zum Ausdruck gelangende Moment der persönlichen Beteiligung der einzelnen

---

[1] Vgl. Dernburg B.R. II 1. Abt. S. 185 f. und die dort Zit., ferner Cosack, Bürgerl. Recht 3. Aufl. S. 286 und Planck II. Bd. S. 3 ff.

[2] Vgl. Wolff Z. S. 23 und die dort Zitierten, namentlich Kuntze in der Krit. Vierteljahrsschrift VI S. 104.

Aktionäre bei diesen Gesellschaften Hauptsache sei. Die Aktionäre würden nämlich keineswegs nur als Kapitalisten, sondern auch als Produzenten beteiligt, was namentlich in der in den meisten der fraglichen Statuten wiederkehrenden Bestimmung zum Ausdruck gelange, daß die Aktionäre die ihnen obliegende Rübenlieferungspflicht durch Anbau auf ihren eigenen Ländereien, welche sie selbst mit ihren Wirtschaftskräften zu kultivieren haben, erfüllen sollten.

Das Reichsgericht hat an derartigen Statutenbestimmungen im allgemeinen keinen Anstoß genommen (vgl. B. XI 474, Holdheim V. S. 403, Wolff W. S. 341 a. 44) und doch setzen sie, wenn der Aktionär die Rüben selber zu bauen verpflichtet ist, nicht bloß voraus, daß der Aktionär zum Rübenbau geeignete Ländereien besitzt, sondern auch, daß der Aktionär eine für den Rübenbau landwirtschaftlich qualifizierte und befähigte Persönlichkeit ist, denn es gehört besondere Sachkunde dazu, den Rübenbau ordnungsmäßig und vertragsmäßig zu betreiben.[1] So tritt also diesenfalls bei den Rübenzuckeraktiengesellschaften die Person des Aktionärs, seine persönliche Qualifikation keineswegs zurück, und doch dürfte das Reichsgericht entgegen den in der angeführten Entscheidung ausgesprochenen Grundsätzen kein Bedenken tragen, derartige Bestimmungen, wie nach altem Recht, so auch unter der Herrschaft des neuen Rechts für gültig und möglich zu erklären.

Es ist auch gar nicht einzusehen, warum die Auferlegung von vermögensrechtlichen Leistungen, welche bestimmte Fähigkeiten oder Eigenschaften des Aktionärs voraussetzen, unzulässig sein sollte, denn nach dem vorausgegangenen ist nur zu fordern, daß die Leistung des § 212 vermögensrechtlicher Natur ist, und damit hat die Frage, ob sie besondere Fähigkeiten voraussetzen dürfe, gar nichts zu tun. So gelangen wir also zu dem Resultat, daß im Sinne des § 212 nur vermögensrechtliche Leistungen verstanden sind, aber vermögensrechtliche Leistungen, die sehr wohl eine bestimmte persönliche Qualifikation, bestimmte persön-

---

[1] Vgl. Wolff Z. S. 39, Wolff W. S. 341 a. 44, 349, Weinhagen bei Holdheim V S. 403, West S. 140 f.

liche Fähigkeiten und Eigenschaften des Aktionärs voraussetzen dürfen.[1]

Dies ist offenbar auch der Sinn des Gesetzes, denn handelte es sich in § 212 nur um unter allen Umständen unpersönliche vermögensrechtliche Leistungen, so wäre die Bestimmung über die beschränkte Übertragbarkeit der Aktie, welche der Aktiengesellschaft die Möglichkeit geben soll, nicht genehme Erwerber fern zu halten, wo nicht unverständlich, so doch mindestens praktisch entbehrlich. So wird auch durch sie der stark individualistische Charakter der Nebenleistungsaktiengesellschaft bewiesen.[2]

Die Frage, was im einzelnen Gegenstand der Leistungen des § 212 sein könne, ist, soweit nicht durch die Bestimmung, daß die Leistungen wiederkehrende und nicht in Geld bestehende sein müssen, Grenzen gezogen sind, nach den allgemeinen Rechtssätzen zu entscheiden. Die Leistungen können also nicht bloß darauf gehen, bewegliche oder unbewegliche Sachen und Rechte der Gesellschaft zu übereignen, insbesondere selbst hergestellte Sachen der Gesellschaft zu liefern oder derselben den Gebrauch oder die Nutzung von Sachen und Rechten auf Zeit[3] zu überlassen (vgl.

---

[1] Dagegen ist eine Statutenbestimmung, wonach der Aktionär verpflichtet sein soll, Landwirt oder Mitglied eines Vereins zu sein, oder bestimmte Eigenschaften und Gesinnungen zu haben, nichtig, da derartige Verpflichtungen nach dem obigen nicht Gegenstand einer Leistung sein können, vgl. Wolff W. S. 343 a. 49, Tintsch bei Holdheim I S. 345 ff., Rtspr. d. O.L.G. II. Bd. S. 232, R.G. IL 77 ff., 81. Dagegen steht natürlich der A.G. die Aufstellung gewisser Voraussetzungen für den Erwerb der Aktie frei und die A.G. darf die Eintragung ins Aktienbuch vom Vorhandensein jener Voraussetzung, z. B. von der Zugehörigkeit zu einem Verein, abhängig machen, wennschon der spätere Wegfall dieser Voraussetzung der A.G. keinerlei Rechte gewährt, vgl. Rtspr. d. O.L.G. a. a. O., Bülow S. 52. — Die Frage, ob die Leistung an eine bestimmte Gesinnung geknüpft werden kann, wird regelmäßig zu verneinen sein, da eine derartige Verpflichtung die persönliche Freiheit des Versprechenden unzulässig beschränken und zwischen Versprechenden und Versprechensempfänger ein unstatthaftes Gewaltverhältnis herstellen würde.

[2] Vgl. Wolff W. S. 337, D. S. 132, Lehmann S. 135, 190, 220, Makower-Simon S. 33 f., Entw. Gt. m. b. Htg. S. 44, Rtspr. d. O.L.G. a. a. O., Dernburg B.R. I S. 230, Lippmann S. 196 f., R.G. XVII 13, XXVI 89.

[3] Die Regel des B.G.B. § 706, 2 findet auf die Nebenleistungsaktiengesellschaft unbedenklich analoge Anwendung, obwohl sonst natürlich die

Esser A.G. zu 212 a. 2), sondern es können vor allem auch Dienstleistungen und persönliche Bemühungen im weitesten Sinne des Wortes, als jede Tätigkeit, die der Aktionär im wirtschaftlichen Interesse der Gesellschaft unternimmt, Gegenstand der Leistungen sein, z. B. die Verpflichtung des Aktionärs zur Vornahme von Revisionen (Staub zu 212 II 1 a), zur Bewirkung von Fuhrenleistungen, zur Gewährung von Spanndiensten, oder die Verpflichtung des Aktionärs, auf alle bei seinen Mitaktionären wahrgenommenen Verstöße gegen die statutarischen Vorschriften zu achten und diese der Gesellschaft anzuzeigen (vgl. Wolff Z. S. 42 a. 35), oder endlich die Verpflichtung des Aktionärs, in den Versammlungen pünktlich zu erscheinen und sich in bestimmter Weise zu verhalten (vgl. Lehmamn S. 220, Endemann H.B. S. 557).[1]

Ebenso kann natürlich Gegenstand der Leistung des § 212 ein Unterlassen sein, etwa die Verpflichtung, ein Konkurrenzgeschäft nicht zu errichten, oder die überschießenden Rüben nicht an die konkurrierende Fabrik zu liefern, oder sich an einer anderen Fabrik nicht zu beteiligen, oder endlich, wie häufig bei den Kartellen, über ein gewisses Maß hinaus nicht zu produzieren.[2]

Vorschriften über die bürgerliche Gesellschaft auf die A.G. keine Anwendung leiden, vgl. R.G. XXXI 29.

[1] Wolff W. S. 335 ist der Meinung, daß in § 212 nur periodisch wiederkehrende Leistungen von Produkten als gemeint zu erachten seien, da die Zulassung der Verpflichtung zu wiederkehrenden Arbeitsleistungen die Nebenleistungspflicht leicht ins Ungemessene steigern könnte; er hält außerdem Arbeitsleistungen, insbesondere Übernahme von Ämtern seltsamerweise nicht für vermögensrechtliche Leistungen; vgl. dazu Völderndorff S. 318, Staub S. 383 f., Renaud S. 651, und insbesondere Lehmann S. 190, der gleichfalls die Verpflichtung der Aktionäre zu körperlicher oder geistiger Arbeit mit dem Wesen der A.G. für nicht gut vereinbar hält. Vgl. im übrigen Cosack 6. Aufl. S. 594, Rudorff zu § 186 Abs. 3, Esser A.G. zu 212 a. 2, Staub S. 384, Lehmann-Ring zu 212 a. 3, Methner-Huberti S. 8, Makower S. 383, 448, 451, Dernburg B.R. II 1. Abt. S. 19 ff., Komm.Ber. II S. 66, 69, Simon S. 173, W. Hahn S. 136, Behrend S. 746, Laband in Z. XXXI S. 24, R.G. XXI 155, Parisius-Krüger, Das Reichsges. betr. d. Gesellschaften m. beschr. Haftung, 2. Aufl. S. 69.

[2] Zu den nicht seltenen Statutenbestimmungen, daß sich die Aktionäre nicht an anderen gleichartigen Unternehmungen beteiligen dürfen, bemerkt

Gegenstand der Leistung in dem hier erörterten Sinne kann aber auch des weiteren die Verpflichtung des Aktionärs sein, der Aktiengesellschaft eine bindende Offerte hinsichtlich gewisser Leistungen zu machen. Dieser Fall liegt stets vor, wenn eine Abnahmepflicht der Aktiengesellschaft nicht besteht, letzterer vielmehr statutarisch nachgelassen ist, die angebotenen Nebenleistungen des Aktionärs abzulehnen (vgl. Wolff Z. S. 41, R.G. XXII 108). Desgleichen kann die Verpflichtung des Aktionärs, Sachen zur Verfügung der Gesellschaft zu halten, Inhalt einer ihm gemäß § 212 obliegenden Leistungspflicht sein (vgl. Makower S. 448). Auch lediglich auf die Begründung einer Forderung der Gesellschaft gegen den Aktionär kann die Leistungspflicht des Aktionärs gehen, nur muß in diesem Falle die Forderung auf eine Leistung von Vermögenswert gehen, denn nur dann ist auch die Forderung ein Vermögensstück (vgl. Cosack 5. Aufl. S. 697, Behrend S. 791 a. 12). Erfolgt hierbei die Begründung der Forderung mündlich, so liegt die Leistung in der Abgabe des Leistungsversprechens, erfolgt sie schriftlich, stellt etwa der Aktionär eine Urkunde aus, in der er dem Inhaber der Urkunde eine Leistung, etwa die Lieferung von Waren verspricht und begibt er diese Urkunde an die Gesellschaft, so hat diese Hingabe als Leistung zu gelten. Schließlich ist es möglich, daß die Leistung in der Aushändigung einer Urkunde an die Aktiengesellschaft besteht, in der der Aktionär einen Dritten anweist, vertretbare Sachen an die Gesellschaft zu leisten. Denn wenn auch hier, wie in dem letzterwähnten Fall, die Hingabe des Papiers nur Mittel zum Zweck, und der eigentliche Zweck des Geschäftes ist, daß die Aktiengesellschaft den Gegenstand erhält, auf welchen die Anweisung lautet, so ist doch auch die Aushändigung dieser Anweisung bereits eine Leistung.[1]

Wolff Z. S. 42 sehr richtig: Mit diesem Verbot zeigten die Gesellschaften, daß sie in einer solchen Beteiligung mehr als die Anlegung eines Kapitals sähen. Vgl. im übrigen Dernburg B.R. I S. 230 a. 8, II 1. Abt. S. 18, 225 f., Bauer S. 43, Weinhagen bei Holdheim V. S. 403, R.G. IL 81.

[1] Der Einwand Pemsels (Z. XXXVI 44), wonach die Anweisung gemäß der Begebungsvertragstheorie vor der Begebung einen Vermögenswert nicht darstelle, es sich hierbei also um die Verpflichtung zu einer Leistung ohne

IV. **Wiederkehrende Leistungen.** So sehr das Gesetz die Bestimmung des § 212 verallgemeinert hat, so wenig verleugnet der Paragraph doch seine Entstehungsgeschichte. Denn wenn das Gesetz in § 212 nur die Auferlegung von wiederkehrenden Leistungen gestattet, so ist dies lediglich eine Reminiszenz an die alljährlich sich wiederholenden Rübenlieferungen bei den Zuckerfabriken. Eine tiefere Bedeutung fehlt der Bestimmung vollkommen. Einen Sinn hätte es, wenn das Gesetz in gewissen kürzeren Zeiträumen regelmäßig wiederkehrende Leistungen verlangte. Das tut es aber nicht, und ihm diesen Sinn bloß mit Rücksicht auf seine Geschichte unterzulegen, ist sowohl deswegen, weil dies nach den allgemeinen Auslegungsregeln eine unzulässige Interpretation bedeuten würde (vgl. Wolff W. S. 335, Lehmann-Ring zu 212 a. 4), als auch deswegen bedenklich, weil fraglich ist, ob nicht eine derartige Einschränkung gegen die Absicht des Gesetzgebers und den Sinn des Gesetzes verstößt.

Da nun weder das H.G.B. noch das B.G.B., welches an vielen Stellen von wiederkehrenden Leistungen spricht, einen Anhalt über eine bestimmte Auslegung des Begriffes gibt, so wird man die Vorschrift lediglich nach ihrem Wortlaut auslegen müssen. Man wird also insbesondere nicht verlangen dürfen, daß die Wiederkehr eine regelmäßige sein bezw. sich in feststellbaren Zeitabschnitten wiederholen müsse (vgl. Makower S. 448, Birkmeyer S. 634, Lehmann-Ring zu 212 a. 4), auch nicht, daß die Zahl der wiederkehrenden Leistungen eine bestimmte sein müsse (vgl. H.G.B. § 292 Z. 1, Makower S. 448), oder daß die Dauer der Wiederkehr sich ebenso weit erstrecken müsse, wie die Dauer der Gesellschaft (Makower S. 448).

Andererseits aber kann die Verpflichtung zu wiederkehren-

Vermögenswert handle, ist nur hinsichtlich der Kapitaleinlage erhoben worden und jedenfalls für die Nebenleistungsverpflichtung als stichhaltig nicht anzusehen, denn die Nebenleistung soll lediglich der wirtschaftlichen Position der A.G. zugute kommen und dabei kommt es allein darauf an, daß die Leistung in den Händen des Empfängers einen Vermögenswert darstellt. Vgl. Makower in Z. XXXVI 444 ff., Staub zu Art. 290 b § 3, Ring zu Art. 209 b a. 3, Makower S. 382, 383, Wolff bei Holdheim VI S. 75, Staub S. 573, Behrend S. 746 a. 13, Cosack § 117 IV 2.

den Leistungen nach § 212 bei ihrer Natur als gesellschaftliche Leistungen nur so lange dauern, als die Gesellschaft besteht (vgl. MAKOWER S. 448), während dagegen zweifelhaft sein kann, ob die Leistungsverpflichtung nur so lange bestehen soll, als die Gesellschaft das Unternehmen, dem die Leistung dient, betreibt. MAKOWER S. 448 will solchenfalls im Zweifel die Satzung dahin auslegen, daß die Verpflichtung dann erlöschen soll, insbesondere, daß im Konkurs der Aktiengesellschaft die erst künftig fällig werdenden Leistungen nicht zur Masse eingefordert werden können, während natürlich die an die Gesellschaft schon bewirkten Leistungen bereits in das Gesellschaftsvermögen übergegangen sind und zur Konkursmasse gehören. Dem wird zuzustimmen sein.

Nach alledem können also zweifellos die Nebenleistungen des § 212 nicht bloß in sehr großen Zwischenräumen, sondern auch in zeitlich ganz ungleichmäßigen Intervallen wiederkehren und jede Aktiengesellschaft kann die Forderung der Wiederkehr einfach dadurch illusorisch machen, daß sie ihren Aktionären die Verpflichtung zu einer Leistung auferlegt, die erst in tausend Jahren wiederkehren soll.

Der offenbar einschränkend gedachten Bestimmung des § 212, daß nur wiederkehrende Leistungen auferlegt werden dürfen, kommt also weder eine tatsächliche Bedeutung, noch überhaupt ein Sinn zu. Und wenn man die Bestimmung als sinn- und zwecklos auch nicht ohne weiteres ignorieren kann, so bietet doch eine logische Interpretation die Handhabe, der Bestimmung die Bedeutung zu nehmen, indem man sagt, daß die Vorschrift nur die Grenze für etwa noch über wiederkehrende Leistungen hinausgehende Leistungen ziehen, jedoch ein Weniger nicht ausschließen will, indem man also argumentiert, daß, wenn das Gesetz wiederkehrende Leistungen gestatte, es erst recht die Auferlegung einmaliger Leistungen zulasse, da in dem Mehr auch das Weniger enthalten sei.[1]

---

[1] Ebenso STAUB zu 212 II 1a, MAKOWER S. 451, 652 (!), COSACK 5. Aufl. S. 641, 6. Aufl. S. 594, DERNBURG B.R. I S. 230, RIESSER S. 105, GAREIS Lehrb. 7. Aufl. S. 363, METHNER H.G.B. S. 78, — a. M. PINNER S. 95, LEHMANN-RING zu 212 a. 4, KAUFMANN S. 49. Vgl. WOLFF W. S. 335, METHNER-HUBERTI S. 40 a. 4, BAUER S. 43, MEYER S. 41.

Gelangen wir somit zu dem Resultat, daß nach § 212 auch die Auferlegung einmaliger Leistungen statthaft ist, so erhebt sich auf der anderen Seite die Frage, ob der Aktionär zu immerwährenden oder fortdauernden Leistungen herangezogen werden könne, und im Anschluß daran die weitere Frage, ob es immerwährende Leistungen überhaupt gibt. Letztere Frage bejaht, wenn auch nicht ausdrücklich, vor allem Staub (zu 212 II 1 a). Er bezeichnet z. B. die Übernahme eines Gesellschaftsamtes als Vorstand, Aufsichtsrat, Buchhalter oder Inspektor als eine immerwährende Leistung und hält dies, da es weiter gehe als eine periodisch wiederkehrende Leistung, für unzulässig.

Nun ist klar, daß, wenn man in der „Übernahme" eines Gesellschaftsamtes eine Leistung erblickt, diese Leistung zweifellos eine einmalige ist, denn man übernimmt das Amt eben nur einmal, und daß, wenn man ein Amt übernommen hat, zunächst lediglich ein Zustand (vgl. Rtspr. d. O.L.G. II 1. Halbj. S. 232 f.) eingetreten ist — man ist Vorstand oder Inspektor oder Aufsichtsrat — und dieser Zustand ist als solcher zweifellos noch lange keine Leistung. Von Leistungen bei Übernahme eines Gesellschaftsamtes kann also höchstens in dem Sinne die Rede sein, daß der, welcher das Amt übernimmt, kraft dieses seines Amts und infolge der damit übernommenen Pflichten an die Gesellschaft Leistungen, insbesondere also Arbeits- oder Dienstleistungen bewirkt. Daß diese Leistungen aber keine fortdauernden, sondern wiederkehrende sind, bedarf keiner Ausführung. Die Übernahme eines Gesellschaftsamtes würde also die Übernahme einer Verpflichtung zu wiederkehrenden, unter Umständen allerdings die gesamte Tätigkeit und Arbeitskraft absorbierenden Arbeitsleistungen bedeuten, nach § 212 sonach aber durchaus zulässig sein.

Desgleichen irrt Riesser (S. 104 f.), wenn er meint, daß eine Aktiengesellschaft zum Bau und zur Vermietung billiger Wohnungen schon deshalb ihren Aktionären die Verpflichtung, in ihren Häusern oder Wohnungen mietweise zu wohnen, nicht auferlegen könne, weil dies eine dauernde Verpflichtung wäre. Denn von dem § 567 B.G.B. ganz abgesehen, so würde doch eine derartige Verpflichtung nicht so zu verstehen sein, daß die Aktionäre in den betreffenden Wohnungen zu wohnen, sondern nur so, daß die Aktionäre den Mietzins zu entrichten verpflichtet sind. Daß die Verpflichtungen zur Mietzinszahlung aber nicht als dauernde Leistungen anzusehen sind, erhellt ohne weiteres.

Nach alledem ergibt sich, daß die Leistungen, welche in der Literatur in der Regel als immerwährende angesprochen werden, in der Tat nur einmalige bezw. wiederkehrende Leistungen sind. Fügen wir dem noch hinzu, daß auch die Verpflichtung zu Unterlassungen nicht als eine fortdauernde, sondern nur als eine einmalige, sich allerdings unter Umständen über einen längeren Zeitraum erstreckende Leistung angesehen werden muß, so darf man wohl sagen, daß das Begriffsmerkmal der wiederkehrenden Leistungen tatsächlich keinerlei Beschränkungen hinsichtlich der dem Aktionär nach § 212 auflegbaren Leistungen begründet, daß es vielmehr vollkommen nichtssagend und überflüssig ist und der Gesetzgeber gut getan hätte, dasselbe ganz zu streichen.[1]

V. **Nicht in Geld bestehende Leistungen.** Des weiteren bestimmt der § 212, daß die Nebenleistungen, welche dem Aktionär auferlegt werden können, nicht in Geld bestehen dürfen (vgl. § 262 Z. 3 und B. XII 506). Den Begriff des Geldes anlangend, so ist Geld in dem einen Sinne lediglich deutsches Reichsgeld, nach den Reichsmünzgesetzen (vom 4. XII. 1871 und 9. VII. 1873) also die Goldmünzen, die Scheidemünzen (Mark- und Pfennigstücke) und die Talerstücke. In dem anderen Sinne dagegen wird unter Geld auch das usuelle Geld verstanden. Im wirtschaftlichen Verkehr Deutschlands besitzen nämlich als sog. usuelles Geld Funktion des Geldes neben dem deutschen Geld nicht bloß, namentlich an den Reichsgrenzen, ausländische Währungen, sondern vor allem die Reichskassenscheine (vgl. Ges. v. 30. IV. 1874), sowie die Noten der Reichsbank und der übrigen deutschen Notenbanken (vgl. Ges. v. 14. III. 1875), mehr oder weniger auch ausländische Geld- und Banknoten (vgl. Komm.-Ber. II S. 62, Dernburg B.R. II 1. Abt. S. 32).

---

[1] Vgl. für das alte Recht: Staub 3. u. 4. Aufl. zu 219 § 2, Behrend S. 784 a. 7, Renaud S. 533, 699, Ring S. 414, Gierke G.Th. S. 274, Endemann H.R. S. 192, Endemann H.B. S. 557, 603, R.G. XXI 155. Für das neue Recht vgl. Lehmann-Ring zu 212 a. 10, Staub zu 212 II 1a, Wolff W. S. 334, Makower S. 451, Dernburg B.R. I S. 230.

Es erhebt sich nun die Frage, ob unter Geld im Sinne des § 212 nur deutsches Reichsgeld zu verstehen ist, oder ob der weitere Begriff des wirtschaftlichen Lebens zugrunde zu legen ist. Nun sagt freilich Endemann im ersten Bande S. 519 seiner Einführung in das Studium des Bürgerlichen Gesetzbuchs (5. Aufl.), daß der Begriff des Geldes im Sinne usuellen Geldes im B.G.B., und damit wohl auch im H.G.B., nicht angewendet sei, aber einerseits abgesehen davon, daß die Richtigkeit des Endemannschen Satzes sehr bestritten ist (Dernburg B.R. II 1. Abt. S. 33), so liegt andererseits keinerlei Bedenken vor, die Vorschrift des § 212 auf Grund isolierter Betrachtung zu interpretieren, und da scheint allerdings das Gesetz eine möglichst weite Auslegung des Begriffes Geld zu fordern, wenn die Bestimmung nicht jede Bedeutung verlieren soll.

Wollte man nämlich unter Geld hier nur deutsches Reichsgeld verstehen, so würde z. B. die Verpflichtung zur Leistung von Reichsbanknoten von den Beschränkungen des § 212 nicht betroffen und dürfte dem Aktionär als Nebenleistung auferlegt werden. Das ist aber zweifellos der Sinn des Gesetzes nicht.

Man wird deshalb den Begriff des Geldes in § 212 im Sinne usuellen Geldes auszulegen haben und unter Geld auch alle anderen als Geld zirkulierenden Umlaufsmittel zu verstehen haben (vgl. § 195 Abs. 3, Dernburg a. a. O.).

Nun ist oben bereits ausgeführt worden, daß es als Leistung auch zu gelten hat, wenn der Aktionär sich lediglich zu einer vermögenswerten Leistung verpflichtet. Es fragt sich, ob eine solche Forderung, deren Begründung Gegenstand der den Aktionären aufzuerlegenden Nebenleistung ist, auf Geld gehen kann, oder ob dies durch die Vorschrift des § 212 ausgeschlossen ist. Wenn nun zwar auch offenbar ist, daß die Begründung einer Geldforderung zwar eine Leistung, aber doch nicht schlechthin eine in Geld bestehende Leistung ist, so ist doch andererseits ebenso zweifellos, daß die Begründung einer Geldforderung nur das Mittel ist, um schließlich den Gegenstand der Forderung, also das Geld selbst zu erhalten, und daß die Begründung einer Geldforderung die unmittelbare Leistung ist, die ihrerseits zu einer in Geld bestehenden Leistung führen soll. Man wird diese

Ergebnisse auf § 212 anwenden und sagen dürfen, daß Nebenleistungen, welche in der Begründung von Geldforderungen bestehen, unzulässig sind, da sie letzten Endes in in Geld bestehende Leistungen auslaufen und eine derartige Umgehung des Gesetzes unzulässig ist, oder allgemein, daß alle Verpflichtungen zu Leistungen, welche mittelbar zu Geldleistungen führen, als Geldleistungen anzusehen sind, also nach § 212 den Aktionären nicht auferlegt werden dürfen.

Danach aber ist es unzulässig, daß die Aktiengesellschaft ihren Aktionären als Nebenleistung die Verpflichtung auferlegt, in bestimmten Intervallen eigene Wechselakzepte über bestimmte Beträge mit der Maßgabe einzusenden, daß die Gesellschaft berechtigt sein soll, diese Akzepte zu begeben oder den Aktionären zur Einlösung vorzulegen, denn das würde eben praktisch auf eine Geldleistung hinauskommen (Makower S. 409). Das gleiche gilt von allen anderen Geldanweisungen, insbesondere von der Hingabe eines Scheck (Komm.-Ber. II S. 64) und von der auf Geld lautenden Inhaberschuldverschreibung, sowie auch von den entsprechenden mündlichen Verpflichtungsakten (Makower S. 448). Desgleichen dürfte die Gutschrift bei einem Bankier (Komm.-Ber. II S. 63, Makower S. 409, R.G. in Strafs. XXIV S. 9), die Hingabe eines Gelddarlehns seitens des Aktionärs an die Gesellschaft, die Hinterlegung von Geld, sowie die Übernahme einer auf Geld gehenden Bürgschaft seitens des Aktionärs zugunsten der Gesellschaft nach § 212 unzulässig sein.

Sind sonach aber auch Geldleistungen des Aktionärs an die Gesellschaft oder zugunsten der Gesellschaft unzulässig, die gar nicht in das Eigentum der Gesellschaft überzugehen bestimmt sind, so sind auf der anderen Seite auch solche Geldleistungen des Aktionärs an die Gesellschaft unstatthaft, für die die Gesellschaft ein Äquivalent gewährt. Findet sich deshalb, wie dies vielfach der Fall ist, in den Statuten von Rübenzuckergesellschaften die Bestimmung, daß die Aktionäre verpflichtet sein sollen, den Rübensamen von der Fabrik etwa gegen Vergütung des Selbstkostenpreises zu kaufen, so ist diese Statutenbestimmung nach § 212 als nichtig anzusehen, denn der Kaufpreis für den Samen, der hier als Leistung an die Gesellschaft erscheint, würde in

Geld bestehen und alle Geldleistungen sind als statutarische Nebenleistungen des Aktionärs verpönt.

Ist es demnach aber unzulässig, den Aktionären die Verpflichtung aufzuerlegen, der Gesellschaft für gewisse Leistungen Geld zu zahlen, so sind insbesondere auch Verpflichtungen des Inhalts unstatthaft, daß der Aktionär gegen Geld der Gesellschaft Waren abzunehmen, von ihr Wohnungen zu mieten, oder bei ihr gegen Unfälle und Brandschäden oder auf den Todesfall gegen vereinbarte Prämien Versicherungen zu nehmen hat.[1, 2]

Was endlich die Fälle anlangt, in welchen dem Aktionär Verpflichtungen auferlegt werden, dahingehend, daß der Aktionär für den nicht bar an die Gesellschaft gezahlten Betrag seiner Aktie, also für den noch nicht erlegten Teil seiner Kapitaleinlage, an die Gesellschaft Wechsel zu geben, oder Wechsel zu hinterlegen, oder Bürgschaften zu übernehmen, oder sonstwie Garantie zu leisten hat, — oder aber in welchen die Aktie zur Leistung eines bestimmten Betrags in bar verpflichtet und zugleich zur eventuellen Leistung eines weiteren Garantiebetrags verhaftet, so daß rechtlich das Grundkapital durch die Summe der eingezahlten Aktienbeträge zuzüglich der Garantiebeträge gebildet wird und der Nennbetrag der Aktie dementsprechend den bar zu leisten-

---

[1] Namentlich Seeassekuranzen verpflichten ihre Aktionäre häufig, bei ihnen Versicherungen zu nehmen, vgl. Komm.-Ber. II S. 66, Rudorff zu 212 Abs. 1, Riesser S. 105 a. 1. Vgl. im übrigen Lehmann-Ring zu 212 a. 3, Wolff W. S. 336 a. 32, Riesser S. 104 und B. XII 506, wo der Fall behandelt ist, daß der Aktionär die Pflicht hat, zu dem Preise beizutragen, den die A.G. bei dem für gewisse Fälle von ihr übernommenen Rückkauf von Aktien anderer Aktionäre zu zahlen hat. Selbstverständlich ist eine derartige Verpflichtung heute unzulässig.

[2] Unzulässig ist es auch, daß die A.G. ihren Aktionären die Pflicht auferlegt, daß sie während der Dauer ihres Aktienbesitzes Mitglieder eines Vereins sein müssen. Nicht deshalb, weil das Erfordernis der Periodizität der Leistung fehlt. Wohl aber deshalb, weil die durch jene Bestimmung wirklich auferlegte Leistung, nämlich die Vereinsbeiträge zu zahlen, eine in Geld bestehende Leistung ist. Daß die Geldleistung nicht an die Gesellschaft selbst, sondern an einen Dritten bewirkt wird, ist gleichgültig, denn jedenfalls würde jene Geldleistung auf Grund der Gesellschaftsstatuten und letzten Endes auch im Interesse der Gesellschaft erfolgen. Vgl. oben S. 63 Anm. 1 und Rtspr. d. O.L.G. a. a. O.

den Betrag zuzüglich der Garantiesumme umfaßt, so kann in diesen Fällen jene weitere Leistung des Aktionärs nicht als Leistung des Aktionärs neben der Kapitaleinlage angesehen werden, sondern stellt eben gerade die Leistung der Einlage auf das Grundkapital dar, fällt also nicht unter § 212.

Liegen dagegen diese Fälle so, daß dem Aktionär ganz außerhalb der Kapitaleinlageverpflichtung die Verpflichtung zu einer Garantieleistung in bestimmter oder unbestimmter Höhe, etwa durch Hinterlegung von Wechseln oder sonst in welcher Form, auferlegt wird, mit der Maßgabe, daß die Garantieleistung nicht einen Teil des Grundkapitals darstellen soll, liegen also die Fälle so, daß z. B. neben dem Grundkapital durch Geldleistungen der Aktionäre ein besonderer Garantiefonds geschaffen werden soll, so ist dies in allen den Fällen unstatthaft, in denen die den Aktionären in Erreichung dieses Zweckes auferlegten Leistungen auf Geld gerichtet sind.[1]

VI. **Die nähere Regelung der Nebenleistungspflicht.** Wenn das Gesetz nur im allgemeinen bestimmt, daß den Aktionären eine gesellschaftliche Verpflichtung zu wiederkehrenden Leistungen auferlegt werden könne und daß diese Verpflichtung, wenn sie auferlegt werde, im Statut auferlegt werden müsse, so sagt es damit, daß die Nebenleistungspflicht gemäß dem Statut besteht, daß insbesondere die Erfüllung der Verpflichtung nach Maßgabe des Statuts vor sich zu gehen hat, und überläßt zugleich die nähere Regelung der Nebenleistungspflicht des Aktionärs, insbesondere die Bestimmungen darüber, welcher Art und welchen Umfangs die Nebenleistungspflicht sein solle und unter welchen Modalitäten sich die einzelnen Leistungen entwickeln sollen, dem Statut. Von dieser Freiheit kann das Statut im weitesten Umfang Gebrauch machen und die Nebenleistungspflicht — selbst-

[1] Vgl. Wolff W. S. 328, 335, Wolff Z. S. 43, B. XXI 565 f., R.G. XXI 156, Entsch. d. O.L.G. Dresden v. 4. XII. 1882 in Z. XL S. 501, Zeitschr. f. preuß. Recht, Jahrg. 1883 S. 311, Esser 5. Aufl. S. 139, Ring S. 414, Lehmann S. 219, Rudorff zu 212, Riesser S. 105 Anm., Lehmann-Ring zu 212 a. 10, Gierke in Z. Bd. 45 S. 490, Wolff in Holdheim VI S. 77, R.G. bei Holdheim V S. 41, Riesenfeld bei Holdheim VI S. 52, vgl. auch § 278 Abs. 1.

verständlich innerhalb der Grenzen des Rechts — in souveräner und willkürlicher Weise bis in alle Einzelheiten regeln, es kann sich aber auch mit verhältnismäßig wenigen Bestimmungen begnügen, so daß sich die Frage erhebt, inwieweit das Statut die von ihm zu statuierende Nebenleistungspflicht im einzelnen regeln muß.[1]

Zur Beantwortung dieser Frage ist davon auszugehen, daß die Nebenleistungspflicht des Aktionärs einerseits zwar als integrierender Bestandteil der Mitgliedschaft und als eine im Körperschaftsrecht wurzelnde Verbindlichkeit erscheint und ganz zweifellos in ihrem Ursprung, ihren Wirkungen und ihrer Veränderungsmöglichkeit eine Reihe Besonderheiten zeigt. Auf der anderen Seite aber hat man zu beachten, daß die Verpflichtung des Aktionärs zu den Nebenleistungen sich sehr wohl isoliert betrachten läßt und, wenn sie auch aus dem aktienrechtlichen Verhältnis nicht losgetrennt werden kann, doch innerhalb des Mitgliedschaftsverhältnisses eine gewisse relative Selbständigkeit und eine bis zu einem gewissen Grade selbständige Individualität zeigt. Und gerade diese individualrechtliche Seite der Nebenleistungspflicht, die weit stärker als bei der Kapitaleinlageverpflichtung des Aktionärs herausgebildet ist, weist grundsätzlich, falls das Gesetz im einzelnen nichts anderes bestimmt und etwaige aus dem Körperschaftsrecht abfließende Konsequenzen unberührt, die regelmäßigen Wirkungen einer privaten Schuldverbindlichkeit auf, so daß man geradezu sagen kann, daß durch die Statutenbestimmungen, welche den Aktionären die Nebenleistungsverpflichtung auferlegen, zwischen der Aktiengesellschaft und den Aktionären ein Schuldverhältnis begründet wird, kraft dessen die Gesellschaft als Gläubigerin berechtigt ist, von dem Aktionär als Schuldner eine Leistung zu fordern. Der Ursprung und die Lebensbedingungen dieses Schuldverhältnisses sind zwar andere, als z. B. bei einem vertragsmäßigen Schuldverhältnisse, seine

---

[1] Die D. S. 132 f. hält die Bestimmungen des § 212 für ausreichend, um den Nebenleistungsaktiengesellschaften eine angemessene Ordnung ihrer Verhältnisse zu gestatten, und will das weitere den Bestimmungen des Statuts überlassen wissen.

Wirkungen aber sind grundsätzlich und zumeist auch tatsächlich die nämlichen; insbesondere ist, wie allgemein anerkannt ist, die Aktiengesellschaft als Gläubigerin auf Grund eben dieses Schuldverhältnisses berechtigt, gegen den säumigen Schuldner die persönliche Schuldklage auf Erfüllung der Nebenleistungspflicht anzustrengen.[1]

Ist aber die Nebenleistungspflicht des Aktionärs Inhalt eines zwischen ihm und der Gesellschaft bestehenden Schuldverhältnisses, so wird man in Beantwortung der oben gestellten Frage mindestens fordern müssen, daß Inhalt und Umfang des aus dem Statut entspringenden Schuldverhältnisses, wo nicht im Statut bestimmt, so doch nach den Statuten bestimmbar ist. Die Statuten brauchen also die Nebenleistungsverpflichtung nicht unmittelbar vollständig zu regeln, es genügt vielmehr, wenn sie Festsetzungen treffen, nach denen die Verpflichtungen des Aktionärs mit Sicherheit bemessen werden können (vgl. Dernburg B.R. II 1. Abt. S. 187). Danach würde z. B. eine Quantitätsbestimmung, wonach die Aktionäre der Größe ihrer Ländereien und dem Bedarf der Aktiengesellschaft entsprechende Mengen Rüben an die Gesellschaft zu liefern haben, durchaus gültig sein (vgl. B. I 805, IV 517, VIII 144, 317, R.O.H. XIV 291), da die Quantität der zu liefernden Rüben im konkreten Fall sehr wohl bestimmbar ist.

Desgleichen würde eine Statutenbestimmung möglich sein, nach der die nähere Ausgestaltung der dem Aktionär obliegenden Nebenleistungspflicht, insbesondere nach Umfang, Art, Zeit und Ort der Leistung, einer der Parteien oder einem Dritten, also etwa der Generalversammlung, dem Vorstand oder dem Aufsichtsrat, und zwar entweder deren beliebiger, wenn auch nicht gegen die guten Sitten verstoßender Bestimmung oder deren

---

[1] Lehmann S. 190 f. sagt zwar, daß Aktionär und A.G. nicht als Gläubiger und Schuldner mit getrennten Interessen gegenüberstehen, daß sich vielmehr der Aktionär der A.G., das Aktienrecht der Gesamtheit der Vermögensrechte der Gesellschaft eingliedere, er räumt aber andererseits ein, daß aus dem Aktienrecht als Ganzem obligatorische Ansprüche hervorgehen. Vgl. noch Gierke G. Th. S. 271 f., Pinner zu 276, Wolff W. S. 341, Staub zu 212 a. 11, R.G. VI S. 69 ff.

billigem Ermessen überlassen werden kann[1], wie auch dem nichts entgegensteht, daß das Statut nach Analogie des *pactum de contrahendo* die Rolle eines *statutum de contrahendo* übernimmt. Letzterenfalls würden die Regeln über den Vorvertrag auf das Statut entsprechende Anwendung finden.

Ist nach alledem lediglich unerläßlich, daß Inhalt und Umfang der statutarischen Nebenleistungspflicht bestimmbar ist, so dürften sich allerdings in der Praxis die Statuten der Nebenleistungsaktiengesellschaften mit so dürftigen Bestimmungen regelmäßig nicht begnügen. Insbesondere pflegen die Rübenzuckerfabriken die Rübenlieferungspflicht in ihren Statuten auf das eingehendste zu regeln; allerdings werden zumeist die diesbezüglichen Bestimmungen nicht vollständig in das Statut selbst aufgenommen, sondern es wird regelmäßig über eine ganze Reihe von Bestimmungen über die Rübenlieferungspflicht, namentlich über den Bau der Rüben, die Beschaffung und Kultur des zu bebauenden Ackerbodens, über die Qualität und den Zuckergehalt der zu liefernden Rüben u. dergl., eine besondere Instruktion erlassen.

So erhebt sich die Frage, ob nach neuem Recht die Nebenleistungspflicht des Aktionärs lediglich nach Maßgabe des Statuts Geltung besitzen kann, oder ob es möglich ist, dieselbe zwar im Statut in ihren wesentlichen Punkten zu begründen, die nähere Regelung aber außerstatutarischen, mündlichen oder schriftlichen Festsetzungen, insbesondere einer vom Statut abgesonderten Instruktion, vorzubehalten. Makower S. 449 ist in dieser Hinsicht der Meinung, daß die Verpflichtung vollständig in die Satzung aufgenommen werden müsse und daß es, im Gegensatz zu der Nichtbareinlage des § 186, nicht genüge, nur einzelne Hauptpunkte der übernommenen Verpflichtung in die Satzung aufzunehmen.

Zunächst nun den Fall anlangend, daß die Instruktion oder eine andere die Nebenleistungspflicht normierende schriftliche Festsetzung zugleich mit dem Statut, als ein Teil oder als Anhang des Statuts, in Kraft gesetzt wird, so ist nicht einzusehen,

---

[1] Näheres bei Dernburg B.R. II 1. Abt. S. 187 ff., Planck II zu §§ 315 ff. Vgl. §§ 315 ff. B.G.B.

warum diese Festsetzungen ungültig oder unverbindlich sein sollen, da sie als Teil des Statuts ebenso wie das Statut Geltung erlangen.

Dagegen sind Festsetzungen über die Nebenleistungspflicht, die zwischen Aktionär und Aktiengesellschaft erst nach Inkraftsetzung des Statuts mündlich oder schriftlich getroffen werden, oder diesbezügliche mündliche Abmachungen vor Inkraftsetzung des Statuts nur als zweiseitige Vereinbarungen zwischen Aktiengesellschaft und Aktionär, die nur kraft dieses Vertragswillens verbindlich sind, möglich, und erscheint es unter allen Umständen unstatthaft, daß etwa die Aktiengesellschaft über die Nebenleistungspflicht einseitige Bestimmungen trifft. Doch kann ihr letzteres durch das Statut selbst gestattet sein. In allen diesen Fällen ist jedoch zu beachten, daß die für Aktionäre und Gesellschaft gleich verbindlichen Statutenbestimmungen über die Nebenleistungspflicht unter allen Umständen durch die erwähnten Vereinbarungen, bezw. einseitigen Festsetzungen nicht verletzt werden dürfen und daß die letzteren im Zuwiderhandlungsfalle ohne weiteres nichtig sind.

§ 12.

Der Vergütungsanspruch des Aktionärs.

I. **Allgemeines.** Nach § 216 darf für die wiederkehrenden Leistungen des Aktionärs eine den Wert derselben nicht übersteigende Vergütung ohne Rücksicht darauf bezahlt werden, ob die jährliche Bilanz einen Reingewinn ergibt. Das Gesetz spricht in dieser Bestimmung, offenbar mit Rücksicht auf die hinsichtlich der Höhe der Vergütung gemachte Einschränkung, nur von dem tatsächlichen Vorgang einer für die Nebenleistungen erfolgenden Bezahlung und zweifellos kann nach dem Wortlaut des Gesetzes diese Bezahlung ohne eine diesbezügliche Verpflichtung der Aktiengesellschaft stattfinden. Andererseits aber kann selbstverständlich im Statut der Aktiengesellschaft für die letztere auch eine Verpflichtung zur Zahlung einer Vergütung statuiert werden, auf Grund deren dann die Bezahlung, allerdings nur in einer den Wert der Leistungen nicht übersteigenden Höhe erfolgt. Es ist demnach also möglich, daß innerhalb und unbeschadet des aktienrechtlichen Verhältnisses, in demselben Sinne wie bei der Nebenleistungspflicht des Aktionärs, hinsichtlich des Vergütungsanspruches des Aktionärs zwischen der Aktiengesellschaft und ihren Mitgliedern unter Verlautbarung im Statut ein Schuldverhältnis begründet wird, kraft dessen der Aktionär als Gläubiger von der Aktiengesellschaft als Schuldnerin eine Vergütung für die Nebenleistungen nach Maßgabe der gesetzlichen Beschränkung zu fordern berechtigt ist.

II. **Die Durchbrechung des Prinzips der §§ 213, 215.** Den Umstand anlangend, daß dem Aktionär für seine Nebenleistungen ohne Rücksicht darauf, ob ein Reingewinn erzielt worden ist, eine Vergütung gewährt werden kann, so steht derselbe an sich im Widerspruche mit der Tatsache, daß die Nebenleistungen als gesellschaftliche Verpflichtungen aufzufassen sind. Denn aus dem Hineinziehen der Nebenleistungspflicht in das Gesellschaftsverhältnis folgt, wie auch die Denkschrift bemerkt, gemäß §§ 213, 215, wonach nur dasjenige unter die Aktionäre verteilt werden kann, was sich nach der jährlichen Bilanz als Reingewinn ergibt, daß die Aktionäre eine Vergütung für die Nebenleistungen nur in gleicher Weise, wie für die Kapitaleinlagen, nämlich nur aus dem jährlichen Reingewinn, und nicht aus dem sonstigen Gesellschaftsvermögen, fordern könnten (vgl. Staub zu 216 a. 1). Aus praktischen Rücksichten aber, namentlich weil den bei dieser Gesellschaftsform häufigen kleinen Aktionären ein sicheres Äquivalent geschaffen werden soll, ist eine anderweite Vergütung zugelassen und bestimmt, daß eine Vergütung für die Nebenleistungen selbst dann gezahlt werden darf, aber natürlich nicht gezahlt zu werden braucht, wenn ein Reingewinn nicht erzielt worden ist, wenn also die Zahlung der Vergütung aus dem Gesellschaftsvermögen, unter Umständen sogar in Angreifung des Grundkapitals, erfolgen muß.[1]

III. **Die nähere Regelung des Vergütungsanspruchs.** Das Gesetz sagt in § 216 nur, daß den Aktionären eine Vergütung

[1] Vgl. Komm.-Ber. II S. 69, Wolff W. S. 346, Rudorff zu 216, Gareis H.G.B. zu 216, Bauer S. 50.

gewährt werden dürfe. Ehe es also zu der Festsetzung und tatsächlichen Gewährung dieser Vergütung kommen kann, bedarf es noch weiterer Bestimmungen, als lediglich dieser in § 216 enthaltenen gesetzlichen Gestattung, und es fragt sich, in welcher Form diese Bestimmungen zu treffen sind.

Da das Gesetz ganz im allgemeinen sagt, daß den Aktionären ohne Rücksicht auf den bilanzmäßigen Reingewinn eine Vergütung gewährt werden dürfe, also nicht etwa fordert, daß eine Vergütung nur gewährt werden dürfe, wenn sie im Statut normiert sei, so ist nicht einzusehen, wie Wolff W. S. 346 dazu kommt, zu sagen, daß eine solche Bestimmung im Statut enthalten sein müsse; ja es ist widersinnig der allgemeinen und grundsätzlichen Bestimmung des § 216 erst dann Gültigkeit zuerkennen zu wollen, wenn sie ins Statut aufgenommen sein würde. Danach aber kann eine Vergütung für die statutarisch festgesetzten Nebenleistungen kraft gesetzlicher Gestattung grundsätzlich auch dann gewährt werden, wenn das Statut diesbezügliche Bestimmungen nicht enthält.[1] Natürlich aber steht es der Satzung frei und dürfte sich auch empfehlen, die Vergütung im Statut eingehend zu regeln, nötig aber ist es nicht.

Was nun zunächst den Fall anlangt, daß die Statuten Bestimmungen über die Vergütung nicht enthalten, so steht natürlich, da nach dem gesetzlichen Wortlaut in diesem Falle eine Vergütung nur gewährt werden kann, dem Aktionär ein Recht auf Gewährung der Vergütung nicht zu, vielmehr würde dies von dem freien Willen der Aktiengesellschaft, die ja die Vergütung zu gewähren hat, abhängen.

Es fragt sich bloß, wer in diesem Falle darüber zu entscheiden hat, ob überhaupt und bejahendenfalls in welcher Höhe eine Vergütung gewährt werden soll. Da es sich um die Festsetzung gesellschaftlicher Rechte handelt und nicht bloß um die Handhabung der allgemeinen Geschäftsführung, so wird man grundsätzlich die Befugnis, über die aufgeworfene Frage zu ent-

[1] Vgl. unten sub VI. Vgl. auch D. S. 134, Staub zu 212 II 2a, Danziger S. 116 und R.G. III. S. 104, anscheinend sämtlich gegen die oben vertretene Auffassung.

scheiden, dem Geschäftskreis der Generalversammlung zuweisen müssen und zwar dürfte die Generalversammlung berechtigt sein, die beregten Fragen sowohl von Fall zu Fall, als auch — ohne sich des Rechts späterer Änderung zu begeben — ein für allemal für die künftigen Fälle zu entscheiden. Ebenso dürfte es aber zulässig sein, daß über die Frage nach der Gewährung einer Vergütung mit Zustimmung der Aktionäre der Vorstand oder der Aufsichtsrat einseitig entscheidet oder daß zwischen Vorstand bezw. Aufsichtsrat einerseits und den Aktionären andererseits eine zweiseitige Einigung herbeigeführt wird.[1]

Enthält dagegen das Statut Bestimmungen über die den Aktionären zustehende Vergütung, so sind natürlich diese, soweit sie sich im Rahmen der in § 216 offen gelassenen Freiheit bewegen, maßgebend.

Wie bei der Nebenleistungsverpflichtung selbst, so erhebt sich auch bei ihrem Äquivalent zunächst die Frage, inwieweit das Statut den Vergütungsanspruch des Aktionärs, wenn es sich mit ihm befaßt, regeln muß, damit die statutarischen Bestimmungen eine Grundlage für die Festsetzung der Vergütung *in concreto* abgeben können. Die Entscheidung ist in demselben Sinne wie oben § 11 VI dahin zu geben, daß der Inhalt und Umfang der zu gewährenden Vergütung, resp. die Person bezw. das Organ, welches die Vergütung bestimmen soll, mindestens bestimmbar sein muß. Innerhalb dieser Grenzen aber kann der Vergütungsanspruch in der mannigfachsten Weise geregelt werden.[2]

So ist es vor allem möglich, daß das Statut bestimmt, die Nebenleistungen seien an die Gesellschaft ohne jedes Entgelt zu leisten.[3] Desgleichen ist es zulässig, daß das Statut für die

[1] Wenn die Generalversammlung oder der Vorstand oder der Aufsichtsrat in solchen Fällen die Gewährung einer Vergütung beschließt, dann beruht zwar das Recht, welches der Aktionär dadurch erlangt, nicht auf dem Statut, sondern unmittelbar auf jenen Beschlüssen. Mittelbar aber geht es auf das Gesetz (§ 216) zurück und ist insofern ein gesellschaftliches Recht.

[2] Auch hier kann natürlich das Statut lediglich ein *statutum de contrahendo* sein.

[3] Richtig ist, daß darin eine erhebliche Zubuße des Aktionärs liegt, welche er über seine Kapitaleinlage hinaus an die Gesellschaft leistet. Doch

Nebenleistungen ein für allemal eine festbestimmte Vergütung, etwa einen festen Preis (a. M. R.G. IIL 105, vgl. Staub zu 212 II 1 a) festsetzt, ohne daß natürlich dadurch die Bestimmung, es dürfe nur eine den Wert der Leistungen nicht übersteigende Vergütung bezahlt werden, berührt würde. Ebenso ist es statthaft, daß der Generalversammlung statutarisch die Befugnis übertragen wird, vor oder nach Bewirkung der Nebenleistung die Vergütung dafür von Fall zu Fall durch Mehrheitsbeschluß festzustellen, oder daß der Vergütungsanspruch durch ein Gesellschaftsorgan etwa innerhalb eines bestimmten Höchst- oder Mindestbetrags oder in Berücksichtigung eines bestimmten Normalpreises festgesetzt, oder daß der schon bestimmte Preis durch Beschluß eines Gesellschaftsorgans herabgesetzt oder gestundet wird, desgleichen, daß zunächst, etwa schon vor Bewirkung der Nebenleistung, eine Abschlagszahlung an die Aktionäre geleistet und nach Feststellung des Reingewinnes der festgesetzte Normalpreis nach Möglichkeit nachgezahlt wird.

Schließlich kann das Statut auch die Entscheidung darüber, ob eine Vergütung zu gewähren ist oder nicht, oder die Höhe der Vergütung von der finanziellen Lage der Gesellschaft abhängig machen, etwa mit der Maßgabe, daß, wenn ein zur Zahlung der Vergütung ausreichender Reingewinn nicht vorhanden ist oder wenn mit Unterbilanz gearbeitet wird, eine Vergütung überhaupt nicht oder nur in geringerer Höhe gewährt werden soll, wie natürlich das Statut auch bestimmen kann, daß für die Höhe der Vergütung der jeweilige Marktpreis oder eine Quote desselben maßgebend sein soll, oder auch lediglich, daß dem Aktionär eine angemessene, d. h. den Geschäftsverhältnissen der Gesellschaft und den Leistungen angemessene Vergütung gewährt werden soll.[1]

---

liegt eben gerade hierin ein eigentümliches Begriffsmerkmal der Nebenleistungs-A.G. Hervorgehoben sei jedoch, daß angesichts der grundsätzlichen Gleichberechtigung aller Aktionäre eine derartige Bestimmung prinzipiell nur zu Lasten aller Nebenleistungsaktionäre gleichmäßig getroffen werden kann. — Vgl. Staub zu 212 II 1 a, Wolff W. S. 347, Lehmann-Ring zu 212 a. 8, Esser A.G. zu 216 Nr. 2, Riesser S. 106 ff., Makower S. 461, Lippmann S. 208 f., R.G. XVII 20, XXI 155, XXVI 88. Vgl. auch §§ 185, 186.

[1] vgl. B.G.B. §§ 315 ff., Wolff W. S. 346, Makower S. 460 f., Pinner S. 95 f., D. S. 133, Lehmann-Ring zu 212 a. 8, Rudorff zu 213 Abs. 3,

Was schließlich den Fall anlangt, daß das Statut Festsetzungen über den Vergütungsanspruch zwar enthält, aber daß es unmöglich ist, nach denselben zu einer Bestimmung der Vergütung zu kommen, so sind die fraglichen Statutenbestimmungen zwar nicht ungültig, aber doch praktisch wertlos und es sind solchenfalls die Grundsätze anzuwenden, welche gelten, wenn das Statut überhaupt keine Bestimmung über den Vergütungsanspruch enthält. Das nämliche gilt auch in den Fällen, in denen die Statuten die Bestimmung des § 216 einfach wiederholen.

IV. **Die Art der Vergütung.** Die Frage, worin die zu gewährende Vergütung bestehen kann, ist dahin zu beantworten, daß die Vergütung in Geld oder in sonstigen Vorteilen gewährt werden kann. Insbesondere hat man keinen Grund, daran festzuhalten, daß die Vergütung von Vermögenswert sein müsse, sie kann vielmehr, bei richtiger Auslegung des äußerst weiten Begriffs der Vergütung, auch in Vorteilen, die an sich keinen unmittelbaren Vermögenswert darstellen, bestehen. Die Bestimmung, daß die Vergütung den Wert der Leistuugen — das ist also wohl der Vermögenswert — nicht übersteigen darf, steht dem nicht entgegen.

V. **Eine den Wert der Leistungen nicht übersteigende Vergütung.** Das Gesetz bestimmt in § 216 des weiteren, daß die Vergütung den Wert der Leistungen nicht übersteigen dürfe, es gibt also nicht nach unten, wohl aber nach oben eine Grenze für die Höhe der Vergütung.

Die Frage, was als der Wert der Leistungen zu gelten habe, wird im allgemeinen dahin zu entscheiden sein, daß der gemeine Wert (Lehmann-Ring zu 216) und zwar regelmäßig der Marktpreis[1] an dem Ort, wo die Leistung erfolgt, als Wert der Lei-

---

Dyhrenfurth S. 35, Keyssner-Simon 5. Aufl. S. 59, Staub zu 212 II 1a, Esser 5. Aufl. S. 138, Weinhagen bei Holdheim V. S. 403, Wolff Z. S. 44, R.G. XVII 18 ff., B. X 546.

[1] Bei den Rübenzuckerfabriken findet sich häufig die Bestimmung, daß den Aktionären die Diffusions-, die Rübenrückstände zurückzugewähren sind. Diese Diffusionsrückstände sind heute mit auf die Vergütung anzurechnen; es ist nicht möglich, dem Aktionär außer einer dem Wert der

stungen zu gelten hat. Für den Fall, daß am Leistungsort oder in dessen unmittelbarer Nähe ein Marktpreis nicht existiert, hat als Wert der Leistung der Preis zu gelten, den die Gesellschaft für die gleiche Leistung gezahlt hätte, wenn nicht der Aktionär, sondern ein Fremder sie gemacht hätte (vgl. West S. 102, Seuffert XVII S. 32, Staub zu 216 a. 2).

Was den Zeitpunkt anlangt, der der Wertbestimmung zugrunde zu legen ist, so kommt in allen Fällen, also sowohl in dem Falle, daß eine jeweilige Bestimmung der Vergütung nicht vonnöten ist, vielmehr die Höhe der Vergütung sich ohne weiteres aus dem Statut ergibt, als auch in dem Falle, in welchem die jeweilig sich vernotwendigende Bestimmung der Vergütung vor oder nach Bewirkung der Nebenleistung erfolgt, für den Wert der Leistung allein der Zeitpunkt ihrer Bewirkung in Frage. Insbesondere ist für den Wert weder der Zeitpunkt, in welchem die Bestimmung der Vergütung erfolgt, noch etwa der Zeitpunkt maßgebend, in dem die Vergütung ausgezahlt wird. Würde danach der Wert der Leistungen, wie er zur Zeit der Festsetzung der Höhe der Vergütung bestanden hat, derart sinken, daß zur Zeit der Bewirkung der Leistungen die im voraus bestimmte Höhe der Vergütung den Wert der Leistungen nunmehr übersteigen würde, so darf die Vergütung in ihrer vorausbestimmten Höhe nicht voll, sondern nur bis zur Wertgrenze gewährt werden. Daß darin unter Umständen eine gewisse Härte liegen kann, muß zugegeben werden, kann aber an dem gewonnenen Ergebnis, daß unter dem Wert der Nebenleistungen nur der Wert zur Zeit ihrer Bewirkung zu verstehen ist, nichts ändern (vgl. Lehmann-Ring zu 216, Staub zu 216, 2a, R.G. IIL 105).

Im Anschluß an diese Ausführungen erhebt sich weiter die Frage, welche Wirkungen eintreten, wenn tatsächlich eine den Wert der Leistungen übersteigende Vergütung gewährt worden ist. Das Gesetz sagt, daß eine den Wert der Leistungen übersteigende Vergütung nicht gewährt werden dürfe, d. h. also, daß

Rüben entsprechenden Vergütung noch einen Anspruch auf Rückstände zu gewähren, vgl. R.G. IIL 105. — Über den Marktpreis vgl. Simon § 93 f., Makower S. 588 und H.G.B. § 40.

eine über den Wert der Leistungen hinausgehende Vergütung gültig nicht gewährt werden kann und daß die Gewährung einer den Wert der Leistungen übersteigenden Vergütung, soweit dieselbe über den Wert hinausgeht, sowohl im Verhältnis der Aktiengesellschaft zu den Aktionären, als auch im Verhältnis der Aktionäre zu den Gesellschaftsgläubigern unwirksam ist. Der Aktionär ist solchenfalls also einmal durch eine Leistung der Gesellschaft auf deren Kosten im Widerspruch mit dem Gesetz, also ungerechtfertigt bereichert, mit der Maßgabe, daß der Vorstand jedenfalls die Verpflichtung hat, diese Bereicherung zurückzufordern,[1] und daß der Aktionär der Gesellschaft unmittelbar haftet, ganz gleich, ob die Gesellschaft die Vergütung absichtlich oder nur fahrlässig oder schuldlos zu hoch gewährt hat, und ganz gleich, ob der Aktionär die zu hohe Vergütung gutgläubig oder bösgläubig empfangen hat. Andererseits aber haftet der Aktionär für eine dem § 216 zuwider erhaltene Vergütung gemäß § 217 auch den Gesellschaftsgläubigern für die Verbindlichkeiten der Gesellschaft unmittelbar.[2]

Dafür, daß an die Aktionäre eine den Wert der Leistungen nicht übersteigende Vergütung bezahlt wird, haften endlich der Gesellschaft bezw. den Gesellschaftsgläubigern, soweit letztere von den Aktionären bezw. von der Gesellschaft keine Befriedigung erlangen können, nicht bloß die Aktionäre, sondern es sind nach § 241 Abs. 3 Z. 1 und Abs. 4 auch die Mitglieder des Vorstandes und nach § 249 Abs. 3, falls die zu hohe Vergütung mit ihrem Wissen und ohne ihr Einschreiten bezahlt worden ist, auch die Mitglieder des Aufsichtsrats zivilrechtlich haftbar; denn es kann nicht zweifelhaft sein, daß das, was in § 241 Abs. 3 Z. 3 von der Kapitaleinlage gesagt ist, *per analogiam* auch auf die den

---

[1] Die §§ 812 ff. B.G.B. finden auf die fraglichen Verhältnisse Anwendung, soweit sie den aktienrechtlichen Verhältnissen nicht entgegenstehen. Letzteres ist z. B. bei § 814 B.G.B. der Fall, vgl. Keyssner-Simon 5. Aufl. S. 63.

[2] §§ 213, 217, Staub zu 216, 2b, zu 217, Wolff W. S. 347, Pinner S. 104, Litthauer zu 216, 217, Lehmann-Ring zu 216, Riesser S. 107, Esser A.G. S. 62, Makower S. 460, 462, Keyssner-Simon 5. Aufl. S. 63, D. S. 135, 145, R.G. XIII 28, R.O.H. XXIII 173.

Wert übersteigende Vergütung zu beziehen ist (vgl. Anm. 2 S. 84 und Dyhrenfurth S. 35, sowie Meyerhoff zu § 216).

Es zeigt sich nach alledem, daß die Bestimmung des § 216 für die Aktionäre, die Gesellschaft und deren Organe mancherlei Gefahren mit sich bringen kann. Man wird deshalb Staub (zu § 216, 2b) rückhaltlos beistimmen können, wenn er fordert, daß dem freien Ermessen der Stelle, welche den Preis bestimmt, ein gewisser Spielraum hinsichtlich der Wertsberechnung gelassen werden muß und daß, da der Begriff des Wertes ein ungemein fließender ist, nur bei besonders augenfälligen Wertsüberschreitungen die gesetzlichen Folgen einzutreten haben (vgl. Wolff W. S. 347, Riesser S. 105 ff.).

Was endlich die Frage anlangt, ob die Ausbedingung und Gewährung einer den Wert der Leistung übersteigenden Vergütung aus dem Reingewinn zulässig ist, so scheint ein gewisses praktisches Interesse zu ihrer Bejahung zu drängen. Existieren nämlich z. B. bei einer Aktiengesellschaft mehrere Aktiengattungen in der Weise, daß nur mit der einen Gattung eine Nebenleistungspflicht verbunden ist, und ist für eine frühere der wiederkehrenden Leistungen infolge schlechter Geschäftslage der Gesellschaft eine Vergütung nicht gewährt worden, so ist allerdings ein Interesse vorhanden, nach Besserung der Geschäftslage den Nebenleistungsaktionären zum Ausgleich für den früheren Ausfall einen höheren Anteil am Reingewinn als den übrigen Aktionären zu gewähren, und es ist die Frage, ob dies nicht in der Weise geschehen könnte, daß für die Nebenleistungen eine den Wert derselben übersteigende Vergütung aus dem Reingewinn gezahlt wird. Die Frage ist zu verneinen. § 216 sagt klipp und klar, daß die Vergütung niemals den Wert der Leistungen übersteigen dürfe, ganz gleich, ob ein Reingewinn vorhanden ist oder nicht. Deshalb darf die Vergütung auch nicht aus dem Reingewinn über den Wert der Leistungen hinaus erhöht werden, der Reingewinn kann den Aktionären vielmehr nur in der durch das Gesetz bestimmten Weise zugeführt werden. In Wahrheit liegt auch für eine andere Entscheidung gar kein Bedürfnis vor, denn in dem oben erwähnten Falle, daß mehrere Aktiengattungen vorhanden sind, können den Nebenleistungsaktionären gemäß § 185 besondere

Vorteile, namentlich in betreff der Verteilung des Gewinnes eingeräumt werden.[1]

VI. **Das Wesen des Rechts auf Vergütung.** Die Frage endlich, welcher Art das Recht des Aktionärs auf Vergütung seiner Nebenleistung ist, kann nicht einheitlich beantwortet werden.

Der Umstand, daß, wenn überhaupt, die Vergütung auf Grund einer aktiengesetzlichen Bestimmung, die unter Umständen ihre nähere Ausführung im Statut erhalten kann, gewährt wird, scheint *prima facie* zu beweisen, daß es sich hier um ein gesellschaftliches, um ein Mitgliedschaftsrecht handelt, welches dem Aktionär nur in seiner Eigenschaft als Vereinsmitglied zusteht.

In der Tat ist nun dieses Recht auf Vergütung zunächst auch ganz zweifellos ein gesellschaftliches Recht, welches an die Aktie geknüpft ist und welches allen aus dieser Tatsache folgenden Konsequenzen unterliegt. Aber das Recht auf Vergütung bleibt nicht für immer ein gesellschaftliches Recht, sondern in dem Augenblicke, in welchem die Vergütung fällig wird, in dem also der Aktionär die Vergütung von der Gesellschaft fordern und mit der persönlichen Schuldklage einklagen kann, verwandelt sich das gesellschaftliche Recht auf Vergütung in ein nichtgesellschaftliches, in ein Gläubigerrecht, das sich zwar noch immer als Ausfluß der Aktionärbeteiligung darstellt, dessen Ausübung und dessen Bestehen aber hinfort nicht mehr an die Aktionäreigenschaft des Berechtigten geknüpft ist, das vielmehr aus dem aktienrechtlichen Verhältnis sich losgelöst hat und den aus dem Aktienrecht abfließenden Konsequenzen entzogen ist.

Ist demnach für den Zeitpunkt, in welchem das gesellschaftliche Recht auf Vergütung zu einem Gläubigerrecht wird, der Zeitpunkt der Fälligkeit der Vergütung mit der Maßgabe entscheidend, daß vor der Fälligkeit — ganz gleich, ob der Vergütungsanspruch ohne weiteres in spezialisierter Form aus dem Statut hervorgeht oder erst noch festgesetzt werden muß — das Recht auf Vergütung sich als gesellschaftliches und von dem Momente der Fälligkeit an sich als Gläubigerrecht darstellt, so

---

[1] vgl. Lehmann-Ring zu 216, Pinner S. 104, Wolff W. S. 346, Litthauer zu 216, sämtlich anderer Meinung.

folgt daraus, daß das Recht auf Vergütung nach Eintritt der Fälligkeit niemals der Abänderung oder Aufhebung durch Organe der Gesellschaft unterliegt, sondern dem Berechtigten — mag er nun Aktionär sein oder nicht — wie jedem anderen Dritten zusteht, namentlich also von ihm auch im Konkurs der Gesellschaft als Konkursforderung geltend gemacht werden kann[1], während dementgegen das Recht auf Vergütung, solange es gesellschaftliches Recht ist, je nach seiner Natur teils der Korporationsgewalt untersteht, teils derselben entzogen ist.

Ist nämlich das Recht auf Vergütung ein gesellschaftliches Recht, so kommt es hinsichtlich der Frage, ob es dem Mehrheitswillen der Aktionäre unterliegt oder nicht, darauf an, ob die Nebenleistungen den sämtlichen Aktionären oder nur einem Teil derselben oder bloß einzelnen Aktionären obliegen.

Liegt die Nebenleistungspflicht, wie dies gewöhnlich der Fall sein dürfte, allen Aktionären gleichmäßig ob, so ist der Vergütungsanspruch — gemeint ist im folgenden immer der Anspruch vor der Fälligkeit — ein sog. allgemeines Mitgliedschaftsrecht (s. o. § 5 II 2 a), welches jedoch gemäß § 216 dem Aktionär nicht kraft gesetzlicher Notwendigkeit zustehen muß, sondern ihm nur kraft gesetzlicher Gestattung zustehen kann. Schon allein daraus folgt, daß das Recht auf Vergütung, da es nicht auf absolutem

[1] Ist für schon geleistete Nebenleistungen eine Vergütung bereits festgestellt oder steht sie schon von vornherein fest, ist dieselbe aber noch nicht fällig, so ist diese Vergütung im Konkursfall gemäß § 65 K.O. als sofort fällig zu erachten und kann als Konkursforderung geltend gemacht werden. Ist dagegen bei der Konkurseröffnung die Vergütung für geschehene Nebenleistungen noch nicht festgestellt, so kann der Nebenleistungsaktionär seine diesbezügliche Forderung nach ihrem Schätzungswert in Reichswährung geltend machen, K.O. §§ 69, 141. — Da die Vergütungsansprüche zu den Schulden der Gesellschaft gehören, so können unter Umständen aufgelaufene Vergütungsansprüche allein schon zum Konkurs der A.G. führen, vgl. Lippmann S. 177, R.G. XXII 112. — Desgleichen sind im Liquidationsverfahren der A.G. die Forderungen der Aktionäre für geschehene, aber noch nicht vergütete Nebenleistungen zu berücksichtigen, sofern nur eine Vergütung überhaupt zu gewähren ist. Die Entscheidung darüber, ob überhaupt und in welcher Höhe eine Vergütung zu gewähren ist, treffen im Liquidationsstadium dieselben Organe wie vor der Liquidation, vgl. Lippmann S. 145. — Vgl. ferner Cosack 5. Aufl. S. 642.

Rechtssatz, wie etwa das Stimmrecht, beruht, zweifellos verzichtbar und bis zum Fälligwerden der Vergütung durch einen alle Aktionäre gleichmäßig treffenden Mehrheitsbeschluß der Generalversammlung jedenfalls auch abänderlich ist. Insbesondere kann die Generalversammlung in diesem Falle durch Mehrheitsbeschluß die Vergütung nicht bloß erhöhen, sondern auch herabsetzen; und dies kann sowohl geschehen, wenn die Bestimmtheit des konkreten Vergütungsanspruches auf Beschlüssen von Gesellschaftsorganen, als auch dann, wenn sie unmittelbar auf Statutenbestimmungen beruht; nur sind letzterenfalls die Vorschriften über Statutenänderungen einzuhalten (vgl. Wolff W. S. 346).

Anders, wenn das Recht auf Vergütung nur einer bestimmten Gruppe von Aktionären insgesamt zusteht. Daß dies möglich ist, folgt aus § 216 in Verbindung mit § 185; denn kann nach § 216 die Nebenleistungsaktie nicht bloß bestimmte Verpflichtungen auf sich vereinigen, sondern andererseits auch besondere Rechte gewähren, die sich mit der Aktie gewöhnlicher Art nicht verbinden, so kann die Nebenleistungsaktiengesellschaft gemäß § 185 auch verschiedene Gattungen von Aktien, nämlich Aktien, auf welche nur Kapitaleinlagen, und Aktien, auf welche neben den Kapitaleinlagen noch zu vergütende Nebenleistungen zu bewirken sind[1], ausgeben und die Nebenleistungsaktien vor den gewöhnlichen Aktien durch Zuerkennung eines Vergütungsanspruches bevorrechtigen. Jedoch ist hierbei zu beachten, daß solchenfalls die für die Nebenleistungsaktien zu gewährenden Rechte, also die Vergütungen, im Statut festgesetzt sein müssen

[1] Da nach dem Wortlaut des Gesetzes verschiedene Gattungen von Aktien nur ausgegeben werden dürfen, wenn auf den Aktien verschiedene Rechte, nicht auch, wenn auf ihnen verschiedene Pflichten liegen, so erhebt sich die Frage, ob die Nebenleistungs-A.G. verschiedene Gattungen von Aktien auszugeben berechtigt ist, wenn nach dem Statut eine Vergütung in keiner Form gewährt wird. Die Frage ist zu verneinen. Dies entspricht auch der Billigkeit, denn es wird damit der Möglichkeit, daß die Nebenleistungsaktionäre und die Aktionäre ohne Nebenleistungspflicht gleich behandelt werden, auf diese Weise vorgebeugt. Vgl. Staub zu § 185 a. 6, Lehmann-Ring zu 213 a. 3, Wolff A. S. 327, B. V 757, III 809, Makower S. 377 f., 448, 648, 650, Rudorff zu 212 Abs. 1, auch Lehmann-Ring zu 276 a. 2 und Staub zu 212 II 1b.

und daß diese Festsetzungen in aller Bestimmtheit Inhalt und Umfang der Bevorrechtigungen ergeben müssen. Soll nun im Falle, daß mehrere Aktiengattungen vorhanden sind, das Recht auf die Vergütung einer Änderung unterzogen werden, so ist nach dem früher gesagten und nach § 275 Abs. 3 erforderlich, daß die durch den Abänderungsbeschluß benachteiligte Gruppe der Aktionäre — das sind also bei einer Erhöhung der Vergütung die gewöhnlichen und bei einer Herabsetzung der Vergütung die Nebenleistungsaktionäre — zu einer besonderen Generalversammlung vereinigt wird und diese Sondergeneralversammlung dem Beschluß der allgemeinen Generalversammlung mit Dreiviertelmajorität zustimmt.

Endlich kann das Recht auf Vergütung als Sonderrecht des Aktionärs statuiert werden, wie es ja dem Statut jederzeit freisteht, zugunsten einzelner Aktionäre Sonderrechte festzusetzen. Auch in solchem Fall muß jedoch Inhalt und Umfang der Bevorrechtigung in aller Bestimmtheit im Statut geregelt sein. Die Frage, wann das Recht auf Vergütung als Sonderrecht anzusehen ist, läßt sich nicht im allgemeinen, sondern nur nach den einzelnen Bestimmungen der Satzung beantworten. Im Zweifel jedoch hat man davon auszugehen, daß das Gesetz vor der Fälligkeit der Vergütung den Vergütungsanspruch grundsätzlich als gesellschaftliches Recht aufgefaßt wissen will und daß nur unzweifelhafte Statutenbestimmungen zur Auffassung der Vergütungsrechte als Sonderrechte führen können.[1]

§ 13.

Die Wirkungen des Nebenleistungsverhältnisses.

I. **Sein Wesen.** Es ist oben dargelegt worden, daß das Statut das Nebenleistungsverhältnis innerhalb des gesetzlichen Rahmens bis in alle Einzelheiten regeln kann und daß, wenn dies der Fall ist, das Nebenleistungsverhältnis unbedingt diesen Bestimmungen untersteht. Es ist aber auch gezeigt worden, daß

---

[1] Vgl. D. S. 143, Makower S. 546. Vgl. außerdem noch Lippmann S. 203 ff., Arch. d. Rheinpr. Bd. 70 S. 79, Bachmann S. 180, Sievers in Jur. Ztg. VIII S. 88.

das Statut, um die Nebenleistungspflicht gültig zu begründen, nur sehr wenig diesbezügliche Bestimmungen zu enthalten braucht. Nach welchen Regeln wickelt sich nun das Nebenleistungsverhältnis ab, wenn das Statut nur die allernotwendigsten Bestimmungen enthält oder wenn ein Statut, das sich mit dem Nebenleistungsverhältnis eingehender beschäftigt, Lücken aufweist und auf auftauchende Fragen keine Antwort gibt?

Bei Beantwortung dieser Fragen hat man davon auszugehen, daß sowohl das Recht der Aktiengesellschaft auf die Nebenleistungen, wie das Recht des Aktionärs auf die Vergütung ein Schuldverhältnis zwischen Aktionär und Gesellschaft begründet, und des weiteren zu beachten, daß diese beiden Schuldverhältnisse, wenn sie überhaupt begründet sind, einander korrespondieren, miteinander kausal zusammenhängen, mit anderen Worten ein gegenseitiges, synallagmatisches Schuldverhältnis bilden.

Nun ist zwar oben bereits ausgeführt worden, daß diese beiden Schuldverhältnisse, die im Statut ihren Rechtsgrund finden, integrierende Bestandteile der Mitgliedschaft sind, im Körperschaftsrecht wurzeln und diesem unterworfen sind. Es ist aber andererseits auch schon dargelegt worden, daß diese Schuldverhältnisse, soweit das Statut nichts anderes bestimmt und soweit nicht etwa allgemeine Grundsätze des Körperschaftsrechts entgegenstehen,[1] — singuläre Rechtssätze greifen hier, anders als bei der Kapitaleinlage, nicht ein — dieselben Rechtswirkungen äußern, wie jedes andere Schuldverhältnis, daß also auf dieselben in Ergänzung des Statuts insbesondere die allgemeinen Vorschriften des B.G.B.s bezw. des H.G.B.s über Schuldverhältnisse allenthalben Anwendung finden (vgl. Gierke G.Th. S. 272).

Die Frage ist nur, ob auf das Nebenleistungsverhältnis in

---

[1] Weil durch die Übernahme bezw. die Zeichnung von Nebenleistungsaktien eine mit auf den Nebenleistungen beruhende A.G. geschaffen wird, so verhaftet die Erklärung auch hinsichtlich der Nebenleistungspflicht regelmäßig nach ihrer äußeren Erscheinung. Darauf bezügliche Willensmängel können also nur nach den Grundsätzen vorgeschützt werden, die für die Übernahme und Zeichnung überhaupt gelten. Vgl. Lehmann-Ring zu 212 a. 7, zu 182 a. 15, Staub zu §§ 189 a. 24, 212 II 2a, Lehmann bei Jhering XXXIII S. 427 ff., R.O.H. V 419, IX 37, XX 275, R.G. V 77.

den fraglichen Fällen *per analogiam* auch die allgemeinen Rechtssätze des bürgerlichen bezw. des Handelsrechts über Schuldverhältnisse aus Verträgen Anwendung leiden und weiter, ob etwa die Rechtssätze des B.G.B.s über einzelne Schuldverhältnisse, z. B. den Kauf oder Tausch, analog auf das Nebenleistungsverhältnis anzuwenden sind.

Rein tatsächlich wickelt sich nämlich das Nebenleistungsverhältnis zumeist in der Form eines Austauschgeschäfts ab und insonderheit ähnelt es dem Kaufgeschäft, insofern der Aktionär gleichsam als Verkäufer der Aktiengesellschaft gleichsam als Käuferin die Sache zu übergeben und das Eigentum an der Sache zu verschaffen, und andererseits die Gesellschaft verpflichtet ist, dem Aktionär den vereinbarten Preis zu zahlen und die Sache abzunehmen.

Das unterscheidende zwischen solch einem Nebenleistungsverhältnis und einem Kaufvertrag liegt wesentlich nur im Rechtsgrund. Nun kann zwar die Verschiedenheit des Rechtsgrundes zwei einander äußerlich gleiche Verhältnisse ganz verschiedenen Regeln unterstellen, das ist aber durchaus nicht notwendig und hat, wo es der Fall ist, tiefere Gründe. In allen wesentlichen Punkten fehlen aber solche Gründe hier. Das kraft des Statuts bestehende Nebenleistungsverhältnis könnte, alles in allem, in derselben Weise wie durch das Statut auch kraft Vertrags begründet sein; der Zweck, die Rechte und Pflichten der beteiligten Personen sind durchaus die nämlichen, so daß es nicht einzusehen ist, warum die Rechtswirkungen — immer von ganz vereinzelten aus dem Aktienrecht abfließenden Konsequenzen abgesehen — verschiedene sein sollen.

Aus diesen Gründen erscheint es ganz unbedenklich, nicht bloß die Rechtssätze des bürgerlichen bezw. Handelsrechts über Schuldverhältnisse im allgemeinen, sondern auch die allgemeinen Rechtssätze des B.G.B.s bezw. des H.G.B.s über gegenseitige Verträge, letztere allerdings bloß *per analogiam*, auf das Nebenleistungsverhältnis ergänzend anzuwenden und des weiteren den Satz aufzustellen, daß auf das statutarisch begründete Nebenleistungsverhältnis diejenigen besonderen Rechtssätze des B.G.B.s über „einzelne Schuldverhältnisse“ (B.G.B. II. Buch 7. Abschn.)

analog ergänzende Anwendung zu finden haben, welche auf das nämliche Verhältnis Anwendung finden würden, wenn dasselbe durch Vertrag begründet worden wäre, daß also z. B. auf den oben angeführten Fall die Vorschriften des Kaufs bezw. Tauschs analoge Anwendung leiden.

Im folgenden mögen nun einige Fragen aufgeworfen, insbesondere einige wichtige Sätze des bürgerlichen Rechts — das Handelsrecht soll außer Betracht bleiben — hervorgehoben werden, welche nach dem vorhergehenden auf das Nebenleistungsverhältnis für den Fall Anwendung zu finden haben, daß das Statut diesbezügliche Festsetzungen nicht enthält. Es sei dabei noch besonders darauf hingewiesen, daß die folgenden Ausführungen in gleicher Weise für die Nebenleistung des Aktionärs, wie für die eventuell nach § 216 von der Gesellschaft an den Aktionär zu gewährende Vergütung Geltung beanspruchen.

II. **Gattungs- und Spezialschuldverhältnis, Unmöglichkeit der Leistung.** Um zu einer Beantwortung spezieller Fragen zu kommen, ist es in vielen Fällen notwendig, vorerst zu entscheiden, ob sich die Verpflichtung zu den Nebenleistungen bezw. zu der Vergütung als Gattungs- oder Spezialschuld darstellt, ob also die Rechtssätze über Gattungs- oder spezielle Schuldverhältnisse anzuwenden sind. Die Frage ist nach dem Obigen nach den allgemeinen Grundsätzen des bürgerlichen Rechts zu beantworten und hier nur hervorzuheben, daß sich die Rübenlieferungspflicht der Aktionäre bei den Zuckerfabriken zumeist als Spezialschuld darstellen dürfte. Ist nämlich in dem mehrerwähnten Falle der Ackerdeklaration seitens des Aktionärs die Deklaration vorgenommen und seitens der Gesellschaft genehmigt worden, so hat der Aktionär nicht mehr ein bestimmtes Quantum Rüben schlechthin, sondern den Rübenertrag der deklarierten Ackerfläche, also eine Spezies zu liefern. Überhaupt liegt eine Speziesschuld immer dann vor, wenn der Aktionär Sachen aus einem bestimmten Grundstück, also z. B. Kohlen aus seiner Grube oder Waren aus seiner Fabrik zu liefern hat.[1]

---

[1] Vgl. Dernburg B.R. II 1 S. 27 ff., Planck II. Bd. zu § 243, Wolff W. S. 345, Wolff bei Holdheim V S. 215 ff.

Die Entscheidung darüber, ob eine Gattungs- oder eine Speziesschuld vorliegt, wird namentlich im Falle, daß die Leistung unmöglich wird, von Bedeutung.

Geht die Verpflichtung zur Nebenleistung allerdings auf eine von vornherein objektiv unmögliche Leistung — dies müßte also auf alle Nebenleistungsaktionäre zutreffen —, so ist die statuierende Satzungsbestimmung, ganz gleich, ob es sich um Gattungs- oder Speziesschulden handelt, nichtig und unverbindlich (B.G.B. §§ 306, 307), während natürlich nach den Grundsätzen des bürgerlichen Rechts die Verpflichtung zu einer von vornherein nur subjektiv unmöglichen Leistung den Schuldner von der Verpflichtung nicht befreit (a. M. DERNBURG B.R. II 1. Abt. S. 131 f.). Insoweit bestehen zwischen Genus- und Speziesschuld keine Unterschiede.

Dagegen wird der Unterschied bei der sog. nachfolgenden oder nachträglichen Unmöglichkeit, d. h. der Unmöglichkeit, die erst nach Entstehung der Verpflichtung eintritt, wichtig. Zwar erlischt durch nachfolgende Unmöglichkeit bezw. nachträglich eintretendes Unvermögen des Schuldners in beiden Fällen die Schuld (B.G.B. § 275). Aber während bei der Speziesschuld der Schuldner für diese Unmöglichkeit grundsätzlich, d. h. wenn nichts anderes bestimmt ist, wenn ihm z. B. nicht *diligentia in suis* nachgelassen ist (B.G.B. §§ 276, 277), nur infolge seines Verschuldens, also gemäß § 276 für Vorsatz und Fahrlässigkeit (vgl. H.G.B. § 347) seiner selbst oder seiner gesetzlichen Vertreter und Hilfspersonen haftpflichtig ist[1], der Schuldner also frei wird, wenn die Leistung infolge eines nach Entstehung des Schuldverhältnisses eintretenden, von ihm nicht zu vertretenden Umstandes überhaupt oder infolge seines nachträglich eintretenden Unvermögens ihm unmöglich wird[2], so hat der Schuldner bei der Gattungs-

[1] Vgl. §§ 276, 278, 280 B.G.B., STAUB zu 212 a. 15, WOLFF W. 344. Es handelt sich in diesen Fällen vor allem um den freiwilligen Verlust des Objekts, aus dem die Leistung gewonnen wird. Solchenfalls haftet der Aktionär also weiterhin auf Erfüllung der Nebenleistungspflicht.

[2] Es kommen hier die Fälle in Betracht, in denen der Schuldner durch unverschuldete Unglücksfälle (*vis maior*), z. B. Störungen im Bergbau, Hagelschlag, Mißwachs (vgl. WOLFF Z. S. 46), an der Erfüllung der ein-

schuld, solange die Leistung aus der Gattung möglich ist, sein Unvermögen zur Leistung auch dann, wenn ihm ein Verschulden nicht zur Last fällt, zu vertreten.[1]

III. **Ort und Zeit der Leistung.** Als Ort für die Nebenleistungen des Aktionärs dürfte sich mangels statutarischer Bestimmungen aus den Umständen wohl immer der Sitz der Gesellschaft oder der Ort, wo das Fabrikgebäude der Gesellschaft gelegen ist, ergeben. Im Zweifel aber — und dies dürfte regelmäßig für die an die Aktionäre zu leistenden Vergütungen zutreffen — haben die Leistungen an dem Orte zu erfolgen, an dem der Schuldner zur Zeit der Entstehung des Schuldverhältnisses seinen Wohnsitz bezw. seine gewerbliche Niederlassung hat (B.G.B. §§ 269, 270, Z.P.O. § 21).

Desgleichen sind für die Leistungszeit natürlich in erster

---

zelnen Leistung verhindert wird, oder in denen er das Objekt, aus dem er die Leistungen macht, also z. B. die Ländereien, auf denen er Rüben baut, die Grube, aus der er Kohlen und Eisen fördert, die Fabrik, in der er die Waren herstellt, unverschuldeterweise, so durch Ablauf des Pachtvertrags, Ersaufen der Grube, Brand oder Zwangsversteigerung der Fabrik verliert. Eine Verpflichtung, dafür zu sorgen, daß ihm das Objekt nicht verloren geht, hat natürlich der Aktionär nicht. Vgl. Wolff W. S. 344 f., B. XI 477, Wolff bei Holdheim V S. 215 ff. — Im Falle, daß der Aktionär das Objekt, aus dem er die Nebenleistungen gewinnt, freiwillig oder unfreiwillig verliert, haben natürlich weder die A.G. noch der Aktionär die Möglichkeit, den Besitznachfolger zum Erwerb der Nebenleistungsaktie zu veranlassen oder ihn gar in Anspruch zu nehmen, Wolff bei Holdheim VI S. 77. Richtig ist aber, daß durch die Belastung des die Nebenleistungen produzierenden Grundstückes mit den Nebenleistungen in Gemäßheit der §§ 1105 ff. B.G.B. im Falle des Verlusts des Grundstücks durch den Aktionär auf den Erwerber ein gewisser tatsächlicher Druck zur Übernahme der Nebenleistungsaktie geübt wird; doch fehlen hierzu alle Zwangsmittel, vgl. Wolff W. S. 344 bes. a. 53. In gewissen Fällen wird also ein Auseinanderfallen der beiden im Gesellschaftsanteile verbundenen Bestandteile nicht zu verhindern sein. Daß der Gesetzgeber ein derartiges Auseinanderfallen nicht grundsätzlich von der Hand weist, ergibt sich übrigens aus § 221, wonach der Aktionär nur von den in §§ 211, 220 bezeichneten Leistungen nicht befreit werden kann. Vgl. Wolff W. S. 345, Rudorff zu 212, 221, Staub zu 212 a. 15, R.G. XXVI 90.

[1] Vgl. B.G.B. §§ 275, 279, 280, Dernburg B.R. II 1 S. 128 ff., 132 ff., Wolff W. S. 344 f., Staub zu 212 II 2a.

Linie die Statutenbestimmungen maßgebend. Enthält jedoch die Satzung keine Bestimmungen, so ist die Leistungszeit aus den Umständen zu entnehmen. Bieten diese keinen Anhalt, so kann der Gläubiger die Leistung sofort verlangen, der Schuldner sie sofort bewirken.[1]

Die Vorschriften über die Leistungszeit werden insonderheit für den Verzug wichtig; denn mangels diesbezüglicher Festsetzungen in der Satzung finden die Bestimmungen des B.G.B.s über den Verzug des Schuldners (§§ 284 ff.) und über den Verzug des Gläubigers (§§ 293 ff.) auf das Nebenleistungsverhältnis allenthalben Anwendung. Insbesondere also gerät der Schuldner der fälligen Nebenleistung bezw. der fälligen Vergütung durch Mahnung des Gläubigers resp. durch Eintritt des kalendermäßig bestimmten Termins in Verzug und hat dem Gläubiger den durch den Verzug entstehenden Schaden zu ersetzen.[2]

Auf der anderen Seite gerät der Gläubiger, also die Aktiengesellschaft, welche die Nebenleistungen, und der Aktionär, der die Vergütung zu empfangen hat, wenn er die ihm vollständig und tatsächlich angebotene Leistung nicht annimmt, mit der Maßgabe in Annahmeverzug, daß der Schuldner während des Verzugs des Gläubigers nur Vorsatz und grobe Fahrlässigkeit zu vertreten hat (vgl. B.G.B. 293 ff., Staub zu 212 a. 11).

IV. **Die Anwendung der §§ 320 ff. des B.G.B.s.** Die bisher erwähnten Rechtssätze leiden Anwendung auf die Nebenleistungspflicht und die Vergütungsverpflichtung als isolierte Schuldverhältnisse. Aber nun ist, wie schon erwähnt, das Gesetz der

---

[1] Vgl. B.G.B. § 271, R.G. XXVI 92. Desgleichen ist die Frage, wenn der Aktionär die etwa notwendige Feststellung der Quantität und Qualität der Nebenleistung bezw. die Festsetzung der Vergütung fordern kann, nach den allgemeinen Grundsätzen zu entscheiden. — Makower S. 461 will bis zur endgültigen Feststellung der zu gewährenden Vergütung die Grundsätze über den Anspruch des Aktionärs auf Feststellung des verdienten Reingewinns und nach endgültiger Feststellung die Grundsätze über den Anspruch des Aktionärs auf Zahlung des festgestellten Reingewinns entsprechend anwenden. Doch fehlt zu dieser Analogie jeder Grund. Es haben vielmehr die allgemeinen Regeln Anwendung zu finden.

[2] Vgl. Staub zu 212 a. 11, Lehmann-Ring zu 212 a. 7, Cosack 6. Aufl. S. 594, Gareis Lehrb. 7. Aufl. S. 244 a. 3, Wolff Z. S. 46, B.G.B. §§ 284 ff.

Meinung, daß, wenn überhaupt für wiederkehrende Leistungen eine Vergütung gewährt wird, dieselbe nicht etwa als eine von den Nebenleistungen unabhängige, selbständige Leistung der Aktiengesellschaft an den Aktionär, sondern als eine Gegenleistung, ein Äquivalent, als ein Preis für diese Nebenleistungen anzusehen ist, daß also das Nebenleistungsverhältnis ein gegenseitiges, synallagmatisches Schuldverhältnis darstellt.[1] Auf dieses gegenseitige Schuldverhältnis finden nach dem Obigen die besonderen Rechtssätze des bürgerlichen Rechts über synallagmatische Schuldverhältnisse Anwendung und da das B.G.B. für gegenseitige Schuldverhältnisse allgemeine Rechtssätze nicht gibt, sondern in den §§ 320 ff. nur die gegenseitigen Verträge behandelt, die §§ 320 ff. aber *per analogiam* zweifellos auch auf nicht durch Vertrag entstandene gegenseitige Schuldverhältnisse Anwendung finden, so erscheint es, wie schon ausgeführt, ganz unbedenklich, die §§ 320 ff. entsprechend auch auf das Nebenleistungsverhältnis anzuwenden.[2] Im einzelnen ist folgendes auszuführen.

Grundsätzlich hat jede Partei die ihr obliegenden Leistungen nur dann zu bewirken, wenn die andere Partei die ihr obliegende Gegenleistung bewirkt; doch dürften, wo nicht die Statuten, so doch regelmäßig die Umstände ergeben, daß der Aktionär vorzuleisten verpflichtet ist.

Wird die dem einen Teile obliegende Leistung, wird also insbesondere dem Aktionär die Nebenleistung infolge eines Umstandes unmöglich, den weder er noch der andere Teil zu vertreten hat, so wird er zwar von der Leistung befreit, verliert aber auch den Anspruch auf die Gegenleistung (§ 323).

Wird dagegen die dem einen Teile obliegende Leistung infolge eines Umstandes, den der andere Teil zu vertreten hat, oder infolge eines von ihm nicht zu vertretenden Umstandes zu einer Zeit unmöglich, zu welcher der andere Teil im Annahmeverzug ist, so behält er den Anspruch auf die Gegenleistung (§ 324).

---

[1] Gareis H.G.B. zu 216, Gareis Lehrb. 7. Aufl. S. 245, Wolff W. S. 346, Cosack Bürg. R. 3. Aufl. I. S. 303.

[2] Desgleichen finden die §§ 17 ff. K.O. auf das Nebenleistungsverhältnis gegebenenfalls Anwendung, vgl. Lippmann S. 180 ff.

Was ferner den Fall anlangt, daß die dem einen Teil obliegende Leistung infolge eines von ihm zu vertretenden Umstandes unmöglich wird, so kann der andere Teil Schadensersatz wegen Nichterfüllung verlangen oder es nach einer Erklärung an den anderen Teil (§ 349) so halten, als ob die das Nebenleistungsverhältnis regelnden Statutenbestimmungen nicht beständen (§ 325 Abs. 1 Satz 1, vgl. Satz 2). Richtig ist, daß ein solches Verhalten den Statutenbestimmungen widerspricht, doch wird hier, wie in den noch zu erwähnenden Fällen, die Zuwiderhandlung gegen das Statut durch wichtige allgemeine Rechtsgrundsätze gerechtfertigt, welche das ganze Rechtsgebiet beherrschen und welche unbedenklich auch auf das Verhältnis des Aktionärs zur Aktiengesellschaft angewendet werden dürfen.

Ist endlich der eine Teil mit der ihm obliegenden Leistung im Verzuge, so kann ihm der andere Teil zur Bewirkung der Leistung eine angemessene Frist mit der Erklärung bestimmen, daß er die Annahme der Leistung nach dem Ablaufe der Frist ablehne. Nach Ablauf der Frist ist er sodann berechtigt, Schadensersatz wegen Nichterfüllung zu verlangen oder das Nebenleistungsverhältnis nach einer Erklärung an den anderen Teil als nicht bestehend anzusehen, wenn nicht die Leistung rechtzeitig erfolgt; letzterenfalls ist dann der Anspruch auf Erfüllung ausgeschlossen (vgl. § 326 Abs. 1 und 2).

Weiterhin wird man auf das Nebenleistungsverhältnis auch die Bestimmung des § 321 anzuwenden haben, wonach die Partei, welche aus einem gegenseitigen Vertrag vorzuleisten verpflichtet ist, die ihr obliegende Leistung bis zur Bewirkung der Gegenleistung ablehnen kann, bezw. nur gegen Sicherheitsleistung der Gegenpartei vorzuleisten verpflichtet ist, wenn nach Abschluß des Vertrags in den Vermögensverhältnissen der anderen Partei eine wesentliche Verschlechterung eintritt, durch die der Anspruch auf die Gegenleistung gefährdet wird. Dieser Grundsatz erlangt namentlich dann praktische Bedeutung, wenn die Aktiengesellschaft in Konkurs gerät. Auch in diesen Fällen setzt sich die Partei, welche statutarisch zur Vorleistung verpflichtet ist und diese ablehnt, in Gegensatz zur Satzung, aber auch hier entspricht es einem Gebot der Gerechtigkeit und einer juristischen

Notwendigkeit, dem zur Vorleistung verpflichteten Teil das Recht zuzuerkennen, welches ihm zustehen würde, wenn das Verhältnis vertraglich begründet worden wäre.[1]

Hinsichtlich anderer wichtiger Fragen, die bei gegenseitigen Schuldverhältnissen auftauchen, insbesondere nach der Mängelhaftung und dem Gefahrübergang, statuiert das B.G.B. allgemeine für alle zweiseitigen Schuldverhältnisse überhaupt, oder wenigstens für alle zweiseitigen vertraglichen Schuldverhältnisse geltende Rechtssätze nicht, sondern regelt diese Fragen verschieden bei den einzelnen Schuldverhältnissen. Man wird also bei Beantwortung der aufgeworfenen Fragen von dem eben aufgestellten Satze auszugehen haben, daß auf das statutarisch begründete Nebenleistungsverhältnis diejenigen Rechtssätze des bürgerlichen

---

[1] Vgl. Wolff Z. S. 60, R.O.H. XIX 227, XX 276, 279. Die Frage, ob der Aktionär, der die statutenmäßige Vergütung für die zuletzt bewirkte Nebenleistung noch nicht erhalten hat, die nächstdem fällig werdende Nebenleistung so lange verweigern kann, bis die ihm für die frühere Leistung noch geschuldete Vergütung bewirkt ist, führt zu der Erwägung, daß von einem gegenseitigen Schuldverhältnis hier zwar nicht die Rede sein kann, daß es sich aber dabei doch um „ein einheitliches Lebensverhältnis" handelt, daß zwischen jenem Vergütungsanspruch und der neuerlichen Nebenleistung mit Rücksicht auf ihren Rechtsgrund ein rechtlicher Zusammenhang besteht und daß beide auf demselben rechtlichen Verhältnis beruhen, nämlich auf dem statutarisch geregelten Nebenleistungsverhältnis, aus dem beide abfließen. Hat danach aber der Schuldner aus demselben rechtlichen Verhältnis, auf dem seine Verpflichtung zur Nebenleistung beruht, gegen den Gläubiger einen fälligen Anspruch, so steht ihm auch hinsichtlich der von ihm geschuldeten Leistung das Zurückbehaltungsrecht zu, und zwar selbst dann, wenn er sich damit in Widerspruch gegen das Statut setzen sollte. Vgl. West S. 123 ff., Wolff Z. S. 60, Lippmann S. 174, R.G. XIV 233, Dernburg B.R. II 1. S. 122 ff., Planck II. Bd. zu § 273 Ziff. 1a, B.G.B. § 273.

Die weitere Frage, ob die Nebenleistung zurückgefordert oder zurückgewährt werden könne, ist dahin zu beantworten, daß ein einseitiges Rückforderungsrecht selbstverständlich nicht besteht und durch Satzung nicht gewährt werden kann, daß aber auch gemäß §§ 213, 215 eine einseitige Rückgewähr der Nebenleistung durch die A.G. nicht gestattet ist. Daß durch diese Grundsätze die Rückgewähr nicht ordnungsmäßig erfolgter Leistungen oder die auf §§ 812 ff. B.G.B. sich gründende Rückforderung von Nebenleistungen nicht betroffen werden, bedarf keiner Ausführung. Vgl. § 221 und Makower S. 452.

bezw. Handelsrechts über „einzelne Schuldverhältnisse“ analog ergänzende Anwendung finden, welche auf das nämliche Verhältnis Anwendung finden würden, wenn es vertragsmäßig begründet worden wäre. Die Frage also nach der Haftung für Mängel des geleisteten Gegenstands oder nach dem Gefahrübergang entscheidet sich bald nach den entsprechenden Vorschriften über den Kauf, die Miete, den Werkvertrag usw. (vgl. Wolff Z. S. 56 ff.).

V. **Vertragsstrafen.** An und für sich würden die Bestimmungen des B.G.B.s bezw. des H.G.B.s über Vertragsstrafen nach dem vorausgehenden auf das Nebenleistungsverhältnis Anwendung finden. Und in der Tat können auch, zu Lasten der Aktiengesellschaft und zugunsten der Aktionäre für den Fall, daß die Aktiengesellschaft ihre Vergütungsverpflichtung nicht oder nicht gehörig erfüllt, unbeschadet der §§ 213, 215, eventuell unter den Voraussetzungen des § 186, Vertragsstrafen als gesellschaftliche Verpflichtungen festgesetzt werden, auf welche dann die Vorschriften des B.G.B.s und H.G.B.s über Vertragsstrafen ergänzend analoge Anwendung finden. Andererseits aber ist bereits oben § 11 der Grundsatz erwähnt worden, daß dem Aktionär Vertragsstrafen, sowie überhaupt sekundäre Leistungen als gesellschaftliche Leistungen nur kraft ausdrücklicher gesetzlicher Gestattung auferlegt werden dürfen, so daß also hinsichtlich des Aktionärs eine analoge Anwendung der Bestimmungen über Vertragsstrafen durch diese Grundsätze zunächst ausgeschlossen ist.

Dieser Erfolg ist aber nicht die Absicht des Gesetzgebers gewesen. Das Gesetz gestattet deshalb hinsichtlich der Nebenleistungen des Aktionärs in § 212 Abs. 2 für den Fall, daß die Nebenleistungspflicht seitens des Aktionärs nicht oder nicht gehörig[1] erfüllt wird, ausdrücklich die statutarische Festsetzung von Vertragsstrafen, ohne daß natürlich aber aus dem Nebenleistungsverhältnis deshalb ein Vertragsverhältnis würde (vgl. Wolff W. S. 341, Makower S. 449). Vielmehr geht daraus,

---

[1] Z. B. wenn eine zu geringe Ackerfläche mit Rüben bestellt wird, wenn nicht deren voller Ertrag an die Fabrik abgeliefert wird oder wenn die Rüben nicht instruktionsmäßig ausgefallen sind, vgl. Wolff Z. S. 46.

daß die Vertragsstrafe im Statut festgesetzt werden darf, hervor, daß es sich um eine gesellschaftliche Verpflichtung des Aktionärs handelt.[1]

Ist nun aber auch die Verpflichtung zur eventuellen Zahlung der Vertragsstrafe durch das Statut begründet, so ist doch nach dem vorausgegangenen zweifellos, daß auch auf die im Statut festgesetzte Vertragsstrafe die Vorschriften des B.G.B.s bezw. des H.G.B.s ergänzend analoge Anwendung finden (vgl. Wolff W. S. 341 f.) und daß insbesondere der Aktionär, ungeachtet, daß darin eine Abweichung vom Statut liegen würde, gemäß § 343 B.G.B.s die richterliche Herabsetzung einer zu hohen Konventionalstrafe verlangen kann, es sei denn, daß er die Aktie im Betriebe seines Handelsgewerbes genommen hat.[2]

Wird dies in der Literatur zumeist anerkannt, so ist andererseits mehrfach die Frage aufgeworfen worden, ob der in § 212 angewandte Begriff der Vertragsstrafe nur im Sinne des B.G.B.s oder in weiterem Sinne zu verstehen sei.

Da man nun, wenn das auf Grund des B.G.B.s beruhende H.G.B., wie hier, einen technischen Ausdruck des B.G.B.s gebraucht, zweifellos die Begriffsbestimmung aus dem zugrunde liegenden Gesetz zu entnehmen hat, so folgt daraus, daß der Begriff der Vertragsstrafe in § 212 im Sinne des B.G.B.s und keinesfalls in weiterem Sinne zu verstehen ist (vgl. Wolff W. S. 342, Pinner S. 96). Nach dem B.G.B. ist die Vertragsstrafe nun eine behufs Sicherung einer Verbindlichkeit auf den Fall ihrer Nichterfüllung oder nicht gehörigen Erfüllung (vgl. § 218) bedungene, in Geld oder anderen vermögensrechtlichen Gegenständen bestehende Vermögensleistung (B.G.B. §§ 339, 342). Nicht

---

[1] Damit, daß die Vertragsstrafen als gesellschaftliche Verpflichtungen auferlegt werden dürfen, ist noch nicht gesagt, daß derartige Vertragsstrafen nicht auch vertragsmäßig festgesetzt werden dürfen. Dies ist vielmehr durchaus möglich und war nach altem Recht überhaupt die einzige Möglichkeit, vgl. Wolff Z. S. 46, Bauer S. 43, Lehmann-Ring zu 212 a. 7.

[2] Vgl. Rudorff zu 212 Abs. 2, Staub zu 212 a. 11, Dove zu 212, Esser A.G. zu 212 a. 2, Dyhrenfurth S. 34 f., Meyer S. 41, Komm.-Ber. II S. 69, Makower S. 449, Wolff W. S. 342, 344 f., Lehmann-Ring zu 218 a. 5, Lehmann S. 220, B.G.B. §§ 339 ff., H.G.B. § 348.

schon liegt eine Vertragsstrafe in jedem Nachteil, der an den Fall der Nichterfüllung einer Verbindlichkeit geknüpft ist; eine solche liegt vielmehr nur vor, wenn dem Gläubiger im Straffall ein von der Hauptverbindlichkeit verschiedener Anspruch auf eine Leistung eingeräumt wird. Die Vertragsstrafe muß also ein isoliertes Schuldverhältnis zwischen den Beteiligten begründen, kraft dessen der Gläubiger berechtigt ist, von dem Schuldner eine Leistung zu fordern (B.G.B. §§ 339, 342).

Als Vertragsstrafe kann daher nicht angesehen werden, wenn sich bei vertragswidrigem Handeln des Verpflichteten der Hauptanspruch oder das dem Hauptanspruch zugrunde liegende Rechtsverhältnis selbst umgestalten soll (vgl. Dernburg B.R. II 1 S. 219 f. u. die dort Zitierten, ferner Lehmann-Ring zu 212 a. 7). Eine Vertragsstrafe liegt also nicht vor, wenn der Aktiengesellschaft das Recht eingeräumt wird, im Falle der Nichterfüllung der Nebenleistungspflicht den säumigen Aktionär seines Anteilsrechtes für verlustig zu erklären oder die Aktie einzuziehen, oder wenn diesenfalls der Dividendengenuß ausgeschlossen oder geschmälert werden soll.[1]

Dagegen kann selbstverständlich gemäß § 227 die Amortisation der Nebenleistungsaktie vorgesehen werden und ebenso in das Statut eine dem § 360 B.G.B.s entsprechende Bestimmung aufgenommen werden, wonach der Schuldner, also der Aktionär bezw. die Gesellschaft, seiner Rechte aus dem gegenseitigen Schuldverhältnis verlustig sein soll, wenn er seine Verbindlichkeit nicht erfüllt. Im letzteren Fall kann der Gläubiger gegebenenfalls von dem gegenseitigen Schuldverhältnis und damit notwendig von dem mit letzterem untrennbar zusammenhängenden Kapitalbeteiligungsverhältnis (vgl. Lippmann S. 159) zurücktreten, mit anderen Worten, der Aktionär kann ohne weiteres seinen Austritt aus der Gesellschaft erklären und die Aktiengesellschaft kann den mit den Nebenleistungen säumigen Aktionär ausschließen; allerdings hat in beiden Fällen die Rückgewähr der voneinander

---

[1] Vgl. R.G. XXVI 86, Wolff Z. S. 47, Staub zu 212 a. 12, Lehmann-Ring zu 212 a. 7, Korn S. 106, Cosack 6. Aufl. S. 594, Methner-Huberti S. 41 a. 2, Wolff W. S. 342, Makower S. 449, Rtspr. d. O.L.G. II 1. Halbj. S. 233, Pinner S. 96, Dernburg B.R. I S. 230 a. 9, II 1. Abt. S. 220.

empfangenen Leistungen (B.G.B. §§ 360, 346 ff.) stattzufinden. Sehr wohl kann in diesem Falle auch dem Aktionär die Verpflichtung auferlegt sein, seine Aktie gegen Zahlung des Nominalbetrags an einen ihm von der Gesellschaft zu bezeichnenden Dritten zu übertragen.[1] Jedoch sei hervorgehoben, daß die auf diese Weise zulässige Ausschließung des Aktionärs neben der in §§ 219 ff. geregelten Kaduzierung der Aktie der einzige Fall zwangsweiser Ausschließung des Aktionärs ist, daß also eine Ausschließung des Aktionärs nur statthaft ist, wenn der Aktionär seine beiden Hauptpflichten, die Verpflichtung zur Leistung der Kapitaleinlage und zur Bewirkung der Nebenleistungen, nicht erfüllt. Ein Ausstoßen des Aktionärs aus der Gesellschaft nach freiem Ermessen und ohne Gründe ist selbstverständlich unzulässig, und eine Verwirkungsklausel zur Strafe für Handlungen oder Unterlassungen außerhalb des Kreises der Leistungen zu den Zwecken der Gesellschaft kennt das Gesetz nicht. Insbesondere ist es nicht möglich, daß die Ausstoßung aus der Gesellschaft an das Vorhandensein oder den Fortfall einer bestimmten Tatsache geknüpft wird. Daß das Vorhandensein oder der Fortfall solch einer Tatsache unter Umständen für die Möglichkeit der Erfüllung der Nebenleistungspflicht entscheidend werden kann, berührt die gewonnenen Ergebnisse nicht.[2]

VI. **Erlaß.** Es ist oben dargelegt worden, daß zwischen Aktiengesellschaft und Aktionär, soweit statutarische Bestimmungen dadurch nicht berührt werden, Vereinbarungen über das Nebenleistungsverhältnis getroffen werden können. Schon daraus erhellt, daß infolgedessen die Nebenleistungspflicht, eben weil sie

---

[1] Ob die kassatorische Klausel nur bei schuldhafter Nichterfüllung oder überhaupt bei jeder Nichterfüllung wirksam werden soll, entscheidet sich nach den konkreten Statutenbestimmungen, Planck II. Bd. zu § 360. — Vgl. im übrigen Staub zu 212 a. 12, Cosack 5. Aufl. S. 641, Pinner S. 96, Dernburg B.R. I S. 184, Gareis Lehrb. 7. Aufl. S. 244 a. 3, Cosack 6. Aufl. S. 594, Makower S. 449, 463 f., Lehmann-Ring zu 216 a. 7, zu 218 a. 1, R.O.H. XXIII 273 ff., R.G. IL 79, Wolff Z. S. 35.

[2] Vgl. R.G. IL 77 ff., R.O.H. XXI 84, Bülow S. 54, Bachmann S. 71, D. S. 144, Makower S. 547, Rtspr. d. O.L.G. II 1 S. 233, Wolff Z. S. 36, Wolff W. S. 342 f., Tintsch bei Holdheim I S. 435 ff.

durch die Satzung statuiert wird, als solche dem Aktionär von der Gesellschaft nicht erlassen werden kann, da dies im Widerspruch mit dem Statut stehen würde.

Anders geartet ist die Frage, ob etwa dem Aktionär die einzelne fällige Nebenleistung, also etwa die fällige Jahresrübenlieferung, von der Gesellschaft erlassen werden kann. Die Beantwortung dieser Frage hängt von der Auslegung der Statutenbestimmungen ab. Es kommt darauf an, ob nach der Satzung die Nebenleistung unter allen Umständen an die Gesellschaft geleistet werden muß, insbesondere ob für die Gesellschaft die Pflicht zur Abnahme der Nebenleistung besteht, oder ob es im Ermessen der Gesellschaft steht, die Leistung, zu der der Aktionär verpflichtet ist, abzunehmen oder abzulehnen.

Im ersteren Fall würde ein dem Aktionär von der Gesellschaft gewährter Erlaß der einzelnen Leistung einen Verstoß gegen die Satzung bedeuten und deshalb unzulässig sein (vgl. §§ 241, 249, 217), im zweiten Fall steht es der Gesellschaft frei, von ihrem Recht, die Nebenleistungen einzufordern, abzustehen und die etwa schon eingeforderte Leistung wieder zu erlassen, da dies mit dem Statut nicht in Widerspruch stehen würde. Dagegen kann natürlich auch im letzteren Fall die Gesellschaft die statutarische Nebenleistungspflicht als solche nicht erlassen.

Daß der Aktionär endlich der Gesellschaft jederzeit die Vergütung erlassen kann, bedarf keiner Ausführung.[1]

§ 14.

Die Übertragung der Nebenleistungsaktie.

I. **Allgemeines.** Nach ordnungsmäßiger Leistung der Kapitaleinlage umfaßt die Mitgliedschaft bei der gewöhnlichen Form der Aktiengesellschaft lediglich Rechte, bei der Nebenleistungsaktien-

---

[1] Vgl. § 221, D. S. 135, Makower S. 462, 473, Pinner S. 96, Wolff W. S. 345, Lehmann-Ring zu 212 a. 9, vgl. auch Lehmann im Arch. f. civ. Pr. Bd. 86 S. 329, der im Anschluß daran darauf hinweist, daß entgegen dem § 221 der schuldige Aktionär hier die Kompensationsbefugnis behalten soll (R.G. XXII 112). — Für das alte Recht gilt in der behandelten Frage Vertragsrecht vgl. R.G. XVII 1 ff., B. II 1120, Hergenhahn S. 107e, Fischer S. 38 f.

gesellschaft dagegen neben den Rechten noch die Verpflichtung zu den Nebenleistungen. Trotzdem stellt natürlich auch die Mitgliedschaft bei der Nebenleistungsaktiengesellschaft sich als einheitliches Verhältnis dar, derart, daß vor allem auch der Übergang der Mitgliedschaft bei der Nebenleistungsaktiengesellschaft nur einheitlich und ungetrennt vor sich gehen kann. Der Übergang der Mitgliedschaft bedeutet diesenfalls also einen gleichzeitigen und einheitlichen Übergang von Rechten und Pflichten und es ist zweifellos unzulässig, denselben einseitig unter die Regeln über den Übergang von Rechten bezw. den Übergang von Pflichten zu stellen, vielmehr steht der Übergang der Mitgliedschaft bei der Nebenleistungsaktiengesellschaft unter eigentümlichen Rechtsregeln.[1]

Der § 212 sagt, daß dem Aktionär im Statut Nebenleistungen auferlegt werden dürfen, „sofern die Übertragung der Anteilsrechte[2] an die Zustimmung der Gesellschaft gebunden ist".

Diese Wortfassung legt die Auffassung nahe, als müsse nicht nur die Statuierung der Nebenleistungspflicht, sondern auch die Bestimmung über die beschränkte Übertragbarkeit der Mitgliedschaft im Statut enthalten sein und als wäre die statutarische Auferlegung von Nebenleistungen dann nichtig, wenn nicht zugleich das Statut bestimmt, daß die Übertragung der Anteilsrechte nur mit Zustimmung der Gesellschaft zulässig ist.

Das ist aber zweifellos nicht der Sinn der Bestimmung. Der § 212 Abs. 1 Satz 1 Halbsatz 2 will vielmehr nur bestimmen, daß für den Fall, daß dem Aktionär im Statut Nebenleistungen auferlegt werden, die Übertragung der Mitgliedschaft an die Zustimmung der Gesellschaft gebunden ist. Legt deshalb das Statut

---

[1] Vgl. Renaud § 43, Gierke G.Th. S. 241, Behrend S. 805, Wolff W. S. 337 ff., Weinhagen bei Holdheim V. S. 403, Lehmann-Ring zu § 222.

[2] Lehmann S. 188 f. definiert die Anteilsrechte als die Gesamtheit der durch die Übernahme der Quote des Grundkapitals erzeugten rechtlichen Beziehungen des Übernehmenden zur Gesellschaft. Die Aktie in diesem Sinne sei keinesfalls nur ein Recht, sondern sie enthalte möglicherweise auch Verpflichtungen. Da der letztere Fall für die Nebenleistungsaktie zutrifft, so spräche § 212 besser von der Übertragung der Mitgliedschaft und nicht von der Übertragung der Anteilsrechte.

den Aktionären die Verpflichtung zu Nebenleistungen auf, ohne ausdrücklich zu bestimmen, daß die Übertragung der Mitgliedschaft in der vom Gesetz angegebenen Weise beschränkt sein soll, so sind die statutarischen Bestimmungen über die Nebenleistungen trotzdem gültig und verbindlich, von Gesetzes wegen aber ist die Übertragung der Mitgliedschaft an die Zustimmung der Gesellschaft gebunden.

Gleiche Grundsätze gelten im Falle, daß das Statut entgegen der Bestimmung des § 212 ausdrücklich bestimmt, daß die Nebenleistungsaktien frei übertragbar sein sollen. Auch in diesem Falle wird man die Nebenleistungspflicht als gültig, die dem § 212 widersprechende Statutenbestimmung aber als nichtig anzusehen und ferner zu sagen haben, daß die Übertragbarkeit der Mitgliedschaft entgegen der nichtigen Statutenbestimmung kraft Gesetzes in der in § 212 bestimmten Weise beschränkt ist. Ein anderes Resultat wird man nur erhalten, wenn anzunehmen ist, daß das Nebenleistungsverhältnis unter den hinsichtlich der Übertragbarkeit der Anteilsrechte vom Gesetz aufgestellten Beschränkungen unter keinen Umständen gewollt sei (vgl. Staub S. 554).

II. **Übertragung und Übergang der Mitgliedschaft.** Was des ferneren den Umstand anlangt, daß das Gesetz in § 212 lediglich von der „Übertragung" der Anteilsrechte spricht, so scheint es, als ob damit nur der Fall des vertragsmäßigen Übergangs der Mitgliedschaft aus einer in die andere Hand getroffen werde und alle anderen Fälle des mit oder ohne Willen des Aktionärs erfolgenden Übergangs der Mitgliedschaft, insbesondere des Übergangs durch Erbfolge und Zwangsverkauf, unter diese Bestimmung des Gesetzes nicht könnten subsumiert werden.

Man hat nun aber bei Entscheidung dieser Frage davon auszugehen, daß das Gesetz, welches grundsätzlich das Prinzip des freien Übergangs der Mitgliedschaft proklamiert, diesen freien Übergang gerade bei der Nebenleistungsaktiengesellschaft beschränken und von der Zustimmung der Gesellschaft abhängig machen will, um eben der eigentümlichen Natur dieser Gesellschaftsform gerecht zu werden und der Gesellschaft die Möglichkeit zu geben, bei einem Übergang der Mitgliedschaft nicht geeignete Erwerber fern zu halten.

Gerade in Anbetracht dieser Erwägung wäre es nun durchaus widersinnig, die allgemein und für alle Fälle des Übergangs gedachte Bestimmung des § 212 so auszulegen, als bände dieselbe nur eine vertragsmäßige Übertragung der Mitgliedschaft an die Zustimmung der Gesellschaft, während sie jeden anderen Übergang nicht erschwerte.

Und wenn auch das B.G.B. offenbar sehr scharf zwischen dem Begriff der Übertragung als des vertragsmäßigen Übergangs und dem Begriff des Übergangs von Rechten und Pflichten im weiteren Sinne scheidet und nur in § 412 von einer Übertragung von Gesetzes wegen spricht, wo es richtiger von einem Übergang spräche, so ist es doch immer bedenklich, auf Grund rein terminologischer Ergebnisse eine juristische Frage entscheiden zu wollen. Und so erscheint es — namentlich auch in Berücksichtigung des Umstandes, daß der Gesetzgeber bei der Bestimmung des § 212 offenbar zwar nur an die vertragsmäßige Übertragung gedacht hat, aber die Fälle sonstigen Übergangs nicht ausschließen wollte — durchaus unbedenklich, dem Grundgedanken der Bestimmung in logischer Auslegung selbst auf Kosten der Terminologie Folge zu geben und in § 212 unter Übertragung nicht bloß die vertragsmäßige Übertragung, überhaupt die Übertragung kraft besonderen Übertragungsaktes, sondern auch jede *ipso iure* erfolgende Übertragung, also auch den Übergang ohne besonderen Übertragungsakt zu verstehen.[1]

In dieser Auslegung lautet nun also die Bestimmung des § 212, daß der gleichviel ob freiwillig oder unfreiwillig, kraft besonderen Übertragungsaktes oder ohne solchen erfolgende Übergang der Mitgliedschaft, der sich als solcher nach den allgemeinen

---

[1] Vgl. Lehmann-Ring zu 212 a. 5, Pinner S. 94 f., Weinhagen bei Holdheim V S. 403, Wolff bei Holdheim Jahrg. 1897 S. 77, Petersen bei Holdheim II S. 229 f., Staub zu § 222 a. 12, Wolff Z. S. 38 f., R.O.H. XXIII 100 und Wolff W. S. 338 f., welch letzterer die Nebenleistungspflicht ohne durchschlagende Gründe und im Widerspruch mit dem Gesetz als Obligation, bei der die Leistung erkennbar nur der individuellen Person des Schuldners zur Last fallen solle, für nicht erwerblich und für unübertragbar hält. Trotzdem erteilt Wolff den Gesellschaften den Rat, in den Statuten die Bestimmung zu treffen, daß die Zulässigkeit der Vererbung von der Genehmigung der Gesellschaft abhängig gemacht werde.

Regeln vollzieht, an die Zustimmung der Gesellschaft gebunden ist. Sonach kann also nicht bloß die willkürliche Übertragung der Mitgliedschaft unter Lebenden, sondern auch ein Übergang auf die Erben oder der Übergang der Mitgliedschaft auf den Ersteher der Aktie beim Zwangsverkauf nur dann stattfinden, wenn die Gesellschaft zu diesem Übergang ihre Zustimmung erteilt.[1, 2]

III. **Pfändung der Nebenleistungsaktie.** Im Anschluß daran erhebt sich die Frage, ob die dem Zwangsverkauf der Aktie vorausgehende Pfändung, mag dieselbe auf vertragsmäßigem oder gesetzlichem Pfandrecht beruhen, ohne Zustimmung der Gesellschaft vorgenommen werden kann oder ob es zur Entstehung des Pfandrechts der Zustimmung der Gesellschaft bedarf. Da § 212 nur den Übergang der Mitgliedschaft als solcher an die Zustimmung der Gesellschaft knüpft, in der Pfändung der Aktie ein solcher Übergang füglich aber nicht erblickt werden kann, so gelangt man zu dem Ergebnis, daß eine Pfändung der Aktie ohne Zustimmung der Gesellschaft gültig vorgenommen werden kann und daß erst der auf Grund der Pfändung durch Zwangsverkauf erfolgende Übergang der Aktie der Zustimmung der Gesellschaft bedarf. Dies entspricht auch den Interessen der Gesellschaft, da durch die Pfändung der Aktie allein im Verhältnis

---

[1] Die Bestimmung § 222 Abs. 4 steht dieser Auslegung nicht entgegen, denn daraus, daß diese Bestimmung zumindestens auf einen Übergang kraft Erbfolge keine Anwendung leidet, folgt nur, daß Übertragung im Sinne des § 222 allerdings nur als Übertragung kraft besonderen Übertragungsaktes gebraucht ist, folgt aber nicht, daß der Begriff der Übertragung in § 212 nicht im weiteren Sinne zu verstehen ist, vgl. Wolff Z. S. 39 a. 31, Renaud S. 100, 402 ff., R.O.H. XXIII S. 98, Wolff W. S. 338, Lehmann-Ring zu § 222 a. 4.

[2] Geht eine Aktie durch Erbfall auf mehrere Erben über, so üben die mehreren Erben die Rechte aus der Aktie durch einen gemeinschaftlichen Vertreter aus, haften dagegen für alle auf die Aktie zu bewirkenden Leistungen als Gesamtschuldner (§ 225). Selbstverständlich finden aber die Grundsätze des B.G.B. über die beschränkte Haftung des Erben gegebenenfalls Anwendung (Makower S. 483, Komm.-Ber. II S. 71). In das Aktienbuch sind in solchem Falle sämtliche Erben und außerdem ihr bestellter Vertreter einzutragen, vgl. Wolff W. S. 339, Staub zu 225 a. 12, Pinner zu § 225 V, Makower S. 483, Wolff Z. S. 37 f.

zwischen Aktionär und Gesellschaft nichts geändert wird, der Verpfänder vielmehr Aktionär und zu den Nebenleistungen verpflichtet bleibt und erst mit der Ausübung des Pfandrechts das Interesse der Gesellschaft berührt wird.[1]

IV. **Die Wirkungen der Erteilung und Verweigerung der Zustimmung.** Die Wirkungen der Erteilung bezw. Verweigerung der Genehmigung zum Übergang der Mitgliedschaft im Verhältnis zwischen Aktiengesellschaft und Aktionär anlangend, so ist zwischen dem Übergang der Mitgliedschaft *inter vivos* und von Todes wegen zu scheiden

Im Falle des Überganges der Mitgliedschaft unter Lebenden verliert der bisherige Aktionär mit der Genehmigung seitens der Gesellschaft seine Mitgliedschaft und der Erwerber wird an seiner Stelle Aktionär. Von den etwa rückständigen Leistungen auf die Aktie wird der Veräußerer nicht frei, wohl aber natürlich von den weiteren Leistungen; letztere liegen nunmehr dem Erwerber ob, welcher seinerseits nicht für die rückständigen Leistungen des Veräußerers in Anspruch genommen werden kann (Staub zu § 212 a. 14). Wird dagegen bei einem bevorstehenden Übergang unter Lebenden die Genehmigung zum Übergang von der Gesellschaft versagt, so kann ein Übergang der Mitgliedschaft nicht vor sich gehen; der bisherige Aktionär bleibt vielmehr auch weiterhin Aktionär und das zwischen ihm und dem Erwerber abgeschlossene Veräußerungsgeschäft ist der Gesellschaft gegenüber unwirksam[2],

[1] Vgl. Makower S. 356, Pinner S. 95, Keyssner-Simon 5. Aufl. S. 59, Staub zu § 222 a. 3, 8, Lehmann-Ring zu 222 a. 4, R.G. XXXVII 140 ff., B. XI 477. Wenn Wolff W. S. 340 der Meinung ist, im heutigen Recht bedürfe die Verpfändung der Genehmigung der Gesellschaft, da nach B.G.B. § 1274, 2 ein Pfandrecht an einem unübertragbaren Recht nicht bestellt werden könne (vgl C.P.O. §§ 851, 857), so ist dem entgegenzuhalten, daß es sich bei der Nebenleistungsaktie nicht bloß um die Übertragung eines Rechts, sondern eines Komplexes von Rechten und Pflichten handelt (s. o. II) und daß die Mitgliedschaft der Nebenleistungs-A.G. nicht ohne weiteres als unübertragbar angesprochen werden kann, denn die Veräußerung der Aktie ist nicht schlechthin für unzulässig erklärt, sondern die Wirksamkeit einer konkreten Veräußerung ist nur von der Zustimmung der A.G. abhängig gemacht. Der § 1274, 2 des B.G.B. findet also keine Anwendung.

[2] Hervorzuheben ist, daß das Übertragungsgeschäft nur der Gesellschaft gegenüber unwirksam ist. Denn da das Gesetz lediglich verhindern

ebenso wie in diesem Fall bei der Zwangsversteigerung der etwa geschehene Zuschlag nicht in Wirksamkeit treten kann.[1]

Den Fall des Ablebens des Nebenleistungsaktionärs anlangend, so bleibt es — abgesehen von dem Fall, daß die Gesellschaft schon vor dem Erbfall ihre Einwilligung zur Vererbung gegeben hat, in welchem Fall der Erbe sofort Aktionär wird — zunächst in der Schwebe, ob sich die Mitgliedschaft auf den Erben vererbt oder nicht. Genehmigt die Gesellschaft nach dem Tode des Aktionärs die Vererbung, so wird der Erbe durch diese Genehmigung Aktionär und zwar mit der Wirkung, als ob er schon mit dem Erbfall Aktionär geworden wäre. Er überkommt also alle Rechte und Pflichten des Erblassers, sowie natürlich auch die Verpflichtung, die etwa nach dem Tode des Erblassers in der Schwebezeit fällig gewordenen Leistungen zu bewirken.

Versagt dagegen die Gesellschaft ihre Zustimmung zum Übergang, so kann der Erbe Aktionär nicht werden. Doch hat natürlich die Aktiengesellschaft dafür, daß sie die Vererbung eines von Rechts wegen dem Erben zukommenden Vermögensstückes des Erblassers auf den Erben hinderte, letzteren nach dem Wert der Aktie zu entschädigen, wofür andererseits die Aktie in das Eigentum der Gesellschaft übergeht. Die Aktiengesellschaft kann in solchem Falle die Aktie weiterveräußern oder, wenn die Voraussetzungen des § 227 vorliegen, amortisieren. Dagegen sind

---

wollte, daß der Erwerber der Nebenleistungsaktie ohne Einwilligung der Gesellschaft zu dieser in unmittelbare Beziehung trete, so ist ein öffentliches Interesse dafür nicht ersichtlich, die Übertragung der Nebenleistungsaktie auch für das Verhältnis der Kontrahenten unter einander und zu Dritten an die Genehmigung der Gesellschaft zu binden. Eine solche interne Übertragung ist vielmehr ohne die Genehmigung der Gesellschaft möglich. Praktisch kommt es also darauf hinaus, daß im Verhältnis zwischen Veräußerer und Erwerber die Mitgliedschaft übergeht, im Verhältnis zur Gesellschaft aber der Veräußerer Aktionär bleibt, vgl. R.G. XXXVII 140, XXVI 88, XXXXI 7, O.L.G. Dresden vom 29. X. 1894 in Z. IIIL S. 111, Makower S. 478, Lehmann S. 189, Petersen bei Holdheim II S. 233, Staub zu 212 a. 13, Lehmann-Ring zu 212 a. 5.

[1] Daß so die A.G. die Zwangsversteigerung hindern kann, ist richtig, aber praktisch nicht bedenklich, da die A.G. selbst das größte Interesse hat, den zahlungsunfähigen Aktionär loszuwerden.

natürlich Satzungsbestimmungen, die den Erben verpflichten, für die Unterbringung der Aktie zu sorgen, für den Erben unverbindlich.[1]

V. **Die Form der Zustimmung.** Die Frage, wer auf seiten der Gesellschaft die Zustimmung zum Übergang der Mitgliedschaft zu erteilen hat, beantwortet sich mangels gesetzlicher Bestimmungen, aber unbeschadet des § 222 Abs. 4, nach dem Statut der Aktiengesellschaft, welches insbesondere bestimmen kann, ob der Vorstand oder der Aufsichtsrat zur Erteilung der Zustimmung berufen ist, ob deren Entscheidung eine endgültige sein oder ob eine Berufung an die Generalversammlung stattfinden soll. Fehlen statutarische Bestimmungen, so steht das Zustimmungsrecht nach § 231 dem Vorstand zu, der seinerseits wieder, zuwenigstens der Gesellschaft gegenüber, verpflichtet ist, die Beschränkungen einzuhalten, welche im Statut oder durch Generalversammlungsbeschlüsse für den Umfang seiner Vertretungsbefugnis festgesetzt sind (§ 235). Handelt es sich um Aktien, die gemäß § 180 Abs. 3 auf einen Betrag von weniger als tausend Mark gestellt sind, so ist nach § 222 Abs. 4 zur Übertragung die Zustimmung des Aufsichtsrats und der Generalversammlung erforderlich.[2]

Desgleichen spricht sich das Gesetz nicht darüber aus, in welcher äußeren Form die Zustimmung zu erfolgen hat. Es ist also anzunehmen, daß sie, falls das Statut keine Förmlichkeiten vorschreibt, formlos, sowohl in der Form vorheriger als nachträglicher Zustimmung, und zwar entweder dem Veräußerer oder dem Erwerber gegenüber erteilt werden kann (vgl. Staub zu 212 a. 13, Lehmann-Ring zu 212 a. 5, B.G.B. §§ 182 ff.).

---

[1] Dem solchermaßen etwa vor sich gehenden Erwerb eigener Aktien durch die A.G. steht § 226 nicht entgegen, da es sich hier nicht um einen regelmäßigen Geschäftsbetrieb handelt. Vgl. im übrigen R.G. XVII 9, Wolff Z. S. 38 ff., Wolff W. S. 343, Renaud S. 405, Staub zu 226 a. 2, Pinner zu 226 III 1 a.

[2] Vgl. Staub 3. u. 4. Aufl. zu Art. 182 § 2, Behrend § 119 a. 10, Staub zu 212 a. 13, Pinner S. 95, D. S. 132, Lehmann-Ring zu § 212 a. 5, Rudorff zu 212 Abs. 3, Dyhrenfurth S. 34, Dove S. 176, Meyerhoff zu 212, Keyssner-Simon 5. Aufl. S. 59, Riesser S. 103, Esser Neugestaltung S. 14, Wolff W. S. 337, Gareis H.G.B. zu § 212 a. 4, Könige S. 115.

VI. **Inhaber- und Namenaktien.** Aus der Vorschrift des § 212, daß die Übertragung der Mitgliedschaft an die Zustimmung der Gesellschaft geknüpft ist, wird von den meisten Schriftstellern gefolgert, daß die Nebenleistungsaktie nur auf den Namen lauten könne. Es wird argumentiert, daß, wenn die Nebenleistungsaktie auch auf den Inhaber lauten könnte, das darauf hinauskommen würde, daß ein echtes Inhaberpapier nur mit Zustimmung der Aktiengesellschaft übertragbar sei, und daß eine Inhaberaktie, deren Übertragung an die Zustimmung der Gesellschaft gebunden sei, vom Standpunkt der aktienrechtlichen Vorschriften ein Unding sei.

Doch schlägt diese Beweisführung nicht durch. Gerade weil es sich hier um eine durch das Gesetz normierte Verfügungsbeschränkung handelt und weil der allgemeine Grundsatz, daß die Aktien auf den Inhaber oder auf den Namen lauten können, auch für die Nebenleistungsgesellschaft Geltung beansprucht, würde die Ausgabe von Nebenleistungsinhaberaktien gesetzlich zulässig und theoretisch nicht bedenklich sein. Die Frage ist nur, welche Wirkungen bei der Übertragung einer solchen Aktie entstehen.

Ohne Bedeutung ist die Frage in den Fällen, in denen sich die Verfügungsbeschränkung aus der Aktienurkunde ergibt, denn da die Rechte bezw. Pflichten aus der Inhaberaktie nur nach Maßgabe des Inhalts der Urkunde übergehen und den Übergang beschränkende bezw. ausschließende, in der Skriptur enthaltene Bestimmungen den Übergang in der Tat nur nach Maßgabe dieser Bestimmungen stattfinden lassen, so kann ein der Gesellschaft gegenüber wirksamer Übergang der Aktie in diesem Fall ohne Zustimmung der Gesellschaft wegen Schlechtgläubigkeit des Erwerbers nicht stattfinden.

Ist dagegen in der Skriptur der Nebenleistungsinhaberaktie eine Bestimmung über die beschränkte Übertragbarkeit der Aktie nicht enthalten, was ja nicht erforderlich ist, und erfolgt nun die Übertragung der Aktie seitens des Aktionärs an einen Dritten ohne Zustimmung der Gesellschaft, so stehen sich die Bestimmungen über den gutgläubigen Erwerb und die Bestimmungen über die beschränkte Übertragbarkeit der Nebenleistungsaktie gegenüber und es erhebt sich die Frage, ob solchenfalls die Übertragung der Aktie der Gesellschaft gegenüber wirksam ist oder nicht.

Bei Entscheidung der Frage wird man wohl die singuläre Vorschrift des § 212 gegenüber dem Prinzip des gutgläubigen Erwerbs aufrecht zu erhalten haben und sagen müssen, daß die Rechte und Pflichten aus der Aktie in diesem Falle zwar im Verhältnis des Veräußerers zum Erwerber übergehen, daß aber der Übergang nach § 135 B.G.B. der Gesellschaft gegenüber unwirksam ist.

Gelangen wir so zu dem Ergebnis, daß die Nebenleistungsaktien auch auf den Inhaber lauten können, so ist doch dieses Ergebnis so gut wie ganz unpraktisch, denn gemäß § 183 Abs. 1 muß es im Statut bestimmt sein, wenn die Aktien auf den Inhaber lauten sollen und bisher ist dies, soviel bekannt geworden, bei Nebenleistungsaktiengesellschaften noch niemals geschehen.

Schließlich sei noch hervorgehoben, daß die Nebenleistungsaktien, wenn sie im Statut als Namenaktien bezeichnet sind oder wenn das Statut darüber schweigt, ob Inhaber- oder Namenaktien ausgegeben werden, gemäß § 180 Abs. 3 auf Beträge von weniger als tausend, wenn auch nicht von weniger als zweihundert Mark, gestellt werden können.[1]

VII. **Weitere Beschränkungen.** Die Frage endlich, ob die Übertragung der Nebenleistungsaktie noch weitergehend und noch nach anderen Richtungen hin, als in § 212 geschehen ist, durch das Statut beschränkt werden kann, ist für die Inhaberaktie zu verneinen, für die Namenaktie dagegen im ganzen Umfange zu bejahen. Insbesondere ist letzterenfalls eine Statutenbestimmung, wonach der Aktiengesellschaft bei einem vom Aktionär beabsichtigten Verkauf der Aktie eine Art Vorkaufsrecht, etwa zum Zwecke der Amortisation, vorbehalten bleibt, durchaus möglich, wie auch einer statutarischen Bestimmung, welche die Übertragung der Aktie völlig ausschließt und den Bestand der Aktiengesell-

[1] Vgl. Staub zu 212 a. 9 u. 17, Lehmann-Ring zu 212 a. 5, Strauss S. 52, Lehmann S. 189, Kaufmann S. 50, Methner-Huberti S. 41 a. 1, Lippmann S. 148, Weinhagen bei Holdheim V S. 403, Pinner S. 95.

schaft an die Personen der ersten Aktionäre bindet, rechtliche Bedenken nicht entgegenstehen.[1]

VIII. **Wichtige Gründe.** Das Gesetz gestattet in § 212 Abs. 3 dem Statut, Bestimmungen des Inhalts in sich aufzunehmen, daß die Gesellschaft die Zustimmung zum Übergange der Mitgliedschaft, mag derselbe freiwillig oder unfreiwillig, von Todes wegen oder unter Lebenden geschehen, nur aus wichtigen Gründen versagen darf, daß die Gesellschaft also, wenn solche Gründe nicht vorliegen, ihre Zustimmung zu dem Übergang erteilen muß.[2]

Und zwar kann nun das Statut in Befolgung der in der Denkschrift S. 142 ausgesprochenen Anschauung, welche den weiteren Ausbau dieser Bestimmung dem Statut zuweist, den Begriff der wichtigen Gründe erschöpfend durch die Aufstellung der sämtlichen in Frage kommenden Fälle mit dem Erfolge umschreiben, daß diese Statutenbestimmungen unter allen Umständen und selbst dann, wenn z. B. richterliches Ermessen die im Statut aufgeführten als wichtige Gründe nicht ansprechen würde, für die Gesellschaft bindend sind. Die Gesellschaft darf dann in diesem Falle die Zustimmung zum Übergang der Mitgliedschaft ausschließlich nur aus den im Statut angeführten wichtigen Gründen versagen. Wird die Zustimmung aus anderen Gründen versagt, so kann der Aktionär bezw. der Erwerber gemäß § 894 C.P.O. auf Erteilung der Zustimmung Klage erheben.[3]

Das Statut kann sich aber andererseits auch damit begnügen,

---

[1] Makower S. 356 f., Wolff W. S. 341, Staub zu 222 a. 4, Wolff Z. S. 35, 40, Renaud S. 407, Behrend S. 804 a. 6, S. 697 a. 10, R.G. XXXVII 139, B. III 801.

[2] Der Gesetzgeber wollte nach der Denkschrift durch diese Vorschrift die Möglichkeit schaffen, für den Fall eines Gutsübergabe- oder Auszugsvertrags den Beteiligten die erforderliche Sicherheit zu gewähren, daß mangels besonderer Hinderungsgründe auch das Aktienrecht auf den Gutserwerber übergehen wird.

[3] Möglich ist jedoch auch, daß die Statuten nur exemplifizierend einige wichtige Gründe anführen, ohne erschöpfend sein zu wollen. Dann gelten die folgenden Ausführungen ergänzend. Vgl. Wolff W. S. 337, Gareis H.G.B. zu 212 a. 6, Gareis Lehrb. 7. Aufl. S. 244, Staub zu 212 a. 8 u. 13, Petersen bei Holdheim II S. 233.

in Anlehnung an das Gesetz und ohne nähere Ausführung lediglich zu bestimmen, „daß die Zustimmung nur aus wichtigen Gründen versagt werden dürfe". In diesem Falle entscheidet bei Streitigkeiten darüber, was als wichtiger Grund anzusehen ist, nach Lage des Einzelfalls richterliches Ermessen. Insbesondere würde solchenfalls als wichtiger Grund die Unfähigkeit des in Aussicht genommenen Erwerbers, den mit der Aktie verbundenen Verpflichtungen zu genügen, in Betracht kommen, und zwar sowohl seine Unfähigkeit, die in einem Mangel bestimmter persönlicher Qualifikationen, als auch seine Unfähigkeit, die in seinen Vermögens- bezw. Besitzverhältnissen ihren Grund hat.[1]

Da aber nach alledem das Gesetz dem Statut[2] lediglich gestattet, die Verweigerung der Zustimmung zum Übergang der Mitgliedschaft an bestimmte Gründe zu knüpfen und das Statut von dieser Gestattung Gebrauch zu machen nicht genötigt ist, so werden nicht selten auch Statuten ohne derartige Bestimmungen vorkommen. Enthält nun die Satzung keine solchen Bestimmungen, so folgt daraus, daß die Gesellschaft ihre nach § 212 erforder-

---

[1] Vgl. Staub zu 212 II 1 d, D. S. 132, Lehmann-Ring zu 212 a. 5, Dyhrenfurth S. 34, Wolff Z. S. 34, Wolff W. S. 337, B. XI 474, H.G.B. § 117 und Weinhagen bei Holdheim V S. 403, der es mit Unrecht für unzulässig hält, daß die Genehmigung davon abhängig gemacht werde, daß der Erwerber eine landwirtschaftlich qualifizierte Persönlichkeit ist, s. o. § 11 III. Dagegen ist der Mangel einer ausdrücklichen Übernahme der Nebenleistungspflicht als wichtiger Grund für die Versagung der Zustimmung nicht anzusehen, da die Übernahme der Nebenleistungspflicht kraft Gesetzes zugleich mit der Übernahme der Aktie erfolgt, a. M. Weinhagen a. a. O. — Eine statutarische Bestimmung, nach der die Zustimmung zum Übergang der Aktie dann nicht versagt werden darf, wenn der Aktionär das Objekt, aus dem er die Nebenleistungen gewinnt, freiwillig oder unfreiwillig verliert, hat an sich nichts Bedenkliches, da natürlich für die Versagung der Zustimmung immer noch wichtige Gründe sprechen können, vgl. Wolff Z. S. 35.

[2] Um den vom Gesetz mit der in Frage stehenden Bestimmung beabsichtigten Erfolg, nämlich daß die Zustimmung zur Übertragung der Nebenleistungsaktie nur aus wichtigen Gründen verweigert werden darf, zu erreichen, bedarf es nicht u. a. U. der Bestimmung im Statut. Auch gültig gefaßte, dahinzielende Generalversammlungsbeschlüsse würden die Gesellschaft verpflichten, die Zustimmung zur Übertragung nur aus bestimmten wichtigen Gründen zu verweigern.

liche Zustimmung zur Übertragung der Mitgliedschaft nach Belieben, nach freier Willkür, auch ohne jeden Grund verweigern kann (STAUB S. 668, MAKOWER S. 356). Dieses Ergebnis ist unangreifbar, aber keineswegs befriedigend. Denn wenn in diesem Falle die Aktiengesellschaft ihre Zustimmung, auch ohne Grund, versagt, so gibt es für den Aktionär regelmäßig kein Mittel, die einmal übernommene Verpflichtung zu den Nebenleistungen loszuwerden,[1] und nur wenn die Gesellschaft das Recht der Verweigerung der Zustimmung lediglich zu dem Zwecke ausübt, um dem Aktionär oder dem Erwerber Schaden zuzufügen (B.G.B. § 226), ist die Gesellschaft schadensersatzpflichtig, und nur wenn die Verweigerung der Zustimmung gegen die guten Sitten verstößt, ist diese null und nichtig (B.G.B. §§ 138, 826).

Insbesondere hat der Aktionär auch nicht das Recht seine Mitgliedschaft einseitig aufzugeben und so der mit ihr verknüpften Rechte und Pflichten ledig zu werden. Denn gerade weil die Mitgliedschaft bei der Nebenleistungsaktiengesellschaft neben den Rechten, die man jederzeit einseitig aufgeben kann, auch Pflichten umfaßt, die nur mit Zustimmung des Berechtigten aufgehoben werden können, ist eine Abandonnierung der Aktie unzulässig.[2]

---

[1] Nach einigen Statuten wurde im Falle, daß die A.G. die Zustimmung zur Übertragung versagt, dem Aktionär das Recht zugesprochen, zu verlangen, daß ihm die Aktie zu einem bestimmten Preis von der Gesellschaft abgenommen bezw. amortisiert werde (R.G. XXXVII 139), oder daß er sich gegen Rückgabe der Aktie an die A.G. von der Nebenleistungspflicht lossagen dürfe (R.G. XXVI 86). Solche Bestimmungen sind noch heute zulässig.

[2] Nach altem Recht stand natürlich der Abandonnierung der Aktie nichts im Wege, doch wurde dadurch der Nebenleistungssondervertrag nicht berührt, vgl. R.G. XVII 3 ff., XXVI 97, B. III 805, HERGENHAHN S. 107 d, FISCHER S. 38. Vgl. ferner STAUB zu 212 a. 12, PINNER S. 96, MAKOWER S. 547, LEHMANN-RING zu 212 a. 7, KEYSSNER-SIMON 5. Aufl. S. 59, WOLFF W. S. 343, LEHMANN S. 189, WEINHAGEN bei HOLDHEIM V S. 403. — Vgl. auch B.G.B. § 39 und über die Frage, ob und inwieweit die Bestimmungen des B.G.B.s über Vereine auf die A.G. Anwendung finden, LITTHAUER in der Jur. Ztg. III S. 338, MAKOWER S. 347, WARNEYER Jahrbuch der Entsch. zum B.G.B. I. Jahrg. S. 6, DERNBURG B.R. I S. 173, 181, 233, PINNER in Z. L S. 100, BÜLOW S. 53, STAUB S. 542, Jur. Ztg. VIII S. 273, STAUDINGER S. 48, BEHREND S. 697, 805.

Eine andere Frage ist, ob Statutenbestimmungen, wonach dem Aktionär gegen unentgeltliche Rückgabe der Aktie an die Gesellschaft zu deren freier Verfügung Befreiung von den in Zukunft fällig werdenden Nebenleistungen gewährt werden kann, gültig sind. Dies ist ohne weiteres zu bejahen, denn das Erlöschen der Nebenleistungspflicht würde in diesem Falle eben mit dem Willen der Gesellschaft, oder richtiger auf Grund des Statuts, des für die Aktionäre wie für die Gesellschaft gleich verbindlichen Willens geschehen. Jedenfalls fehlt dafür, daß eine solche statutarische Bestimmung gesetzlich nicht zulässig sein sollte, jeder Anhalt. Dagegen dürfte für den Fall, daß die Abandonnierung der Aktie im Statut zwar nicht verboten, aber auch nicht gestattet ist, eine Gestattung der Abandonnierung seitens der Gesellschaft zumeist mit den statutarischen Bestimmungen über die Nebenleistungspflicht in Widerstreit treten und deshalb unzulässig sein (vgl. Weinhagen bei Holdheim V S. 403, Staub zu 212 a. 12).

§ 15.

Die Gestalt der Nebenleistungsaktienurkunde.

Nach § 212 Abs. 1 Satz 2 muß aus der Nebenleistungsaktie bezw. aus dem Nebenleistungsinterimsschein ersichtlich sein, daß mit der Aktie die Verpflichtung zu wiederkehrenden, nicht in Geld bestehenden Leistungen verbunden ist, und des ferneren, welchen Umfang die Nebenleistungspflicht hat.[1]

---

[1] Richtigerweise ist auch zu verlangen, daß bereits der Zeichnungsschein die Nebenleistungspflicht und deren Umfang enthält; anderenfalls verbindet die Zeichnung nicht zur Nebenleistungspflicht, vgl. § 189, Rudorff zu 212 Abs. 1, Meyerhoff zu 212 und Wolff W. S. 349 a. 66. — Hat die Nebenleistungspflicht keinen bestimmten, sondern nur einen bestimmbaren Inhalt, so sind die Bestimmbarkeitsmerkmale in der Aktienurkunde anzugeben. — Riesser S. 106 und derselbe in der Jur. Ztg. I S. 156 fordert aus Zweckmäßigkeitsgründen, daß die Nebenleistungsaktie durch eine besondere obligatorische Überschrift über dem Text, etwa: Aktie mit Rübenlieferungspflicht, als solche von allen übrigen Aktien abzusondern sei, vgl. Wolff W. S. 349 a. 65. — Wolff W. S. 348 empfiehlt, da die fragliche Bestimmung dem Zwecke diene, den Erwerber der Aktie über

I. **Mangelhafte Urkunden.** Die Frage, welche Wirkungen eintreten, wenn die Urkunde den so vorgeschriebenen Inhalt nicht aufweist, ist bestritten.

Zu ihrer Entscheidung geht Wolff W. S. 348 davon aus, daß eine der hier fraglichen entsprechende Bestimmung generell für die auf einen Betrag von weniger als tausend Mark gestellten Namenaktien, deren Übertragung gemäß § 180 Abs. 3 an die Zustimmung der Gesellschaft gebunden ist, in § 180 Abs. 4 gegeben sei. Nach § 180 Abs. 4 sollen jedoch nur die Beschränkungen, denen gemäß § 222 Abs. 4 die Aktionäre in Ansehung der Übertragung unterliegen, in den Aktien ersichtlich gemacht werden und gerade daraus, daß es sich hier um eine bloße Sollvorschrift handle, folge, so argumentiert Wolff, daß die Ausgabe der Aktie ohne entsprechenden Vermerk deren Nichtigkeit nicht zur Folge habe, wenn die Ausgabe auch nach § 314 Z. 5 strafbar sei. Dementgegen sei eine öffentliche Strafe für den Fall der entsprechenden Unterlassung bei der Nebenleistungsaktie zwar nicht angedroht, jedoch müßten sich bei dieser nach dem Wortlaut des Gesetzes die fraglichen Angaben aus der Aktienurkunde ergeben. Daraus folge, daß die Ausgabe von Nebenleistungsaktien ohne die geforderte Ersichtlichmachung die Aktien nichtig mache (vgl. auch Makower S. 450).

Ist schon das Gewicht dieser Gründe nicht gering zu achten, so sprechen des weiteren noch andere Erwägungen für das von Wolff gefundene Resultat. Die Gültigkeit nämlich einer solchen mangelhaften Urkunde vorausgesetzt, so würde zwar nicht der erste Aktionär, der zu den Nebenleistungen verpflichtet ist, gleichviel ob die Nebenleistungsverpflichtung in der Urkunde ersichtlich ist oder nicht, wohl aber der weitere Erwerber der Aktie regelmäßig nur nach dem Inhalt der Aktie haften (vgl. Pinner S. 95, Makower S. 450, Lehmann-Ring zu 212 a. 6), denn die spätere Übertragung des Gesellschaftsanteils würde sich grundsätzlich auch bei der Namenaktie nur durch Übertragung der Aktien-

---

Inhalt und Umfang der Verpflichtung zu informieren, einen möglichst detaillierten Auszug aus dem Statut in die Aktie aufzunehmen; dagegen Riesser S. 106.

urkunde und nur nach Maßgabe der letzteren vollziehen.[1] Der neue Erwerber würde in diesem Falle also für die Nebenleistungen nicht zu haften haben; ein Erfolg, den das Gesetz ganz offensichtlich vermeiden will, denn es geht offenbar von dem Grundsatz aus, daß die Veräußerung der Aktie nur mit der Verpflichtung zu den Nebenleistungen oder überhaupt nicht solle erfolgen können (vgl. LEHMANN S. 189, STAUB zu § 212 a. 16).

Nach alledem ergibt sich aber, daß eine Nebenleistungsaktie bezw. ein Nebenleistungsinterimsschein, aus welchen die Verpflichtung und der Umfang der Nebenleistungen nicht ersichtlich ist, nichtig ist.[2]

II. **Folgen der Nichtigkeit.** Ist aber demnach bei Verletzung der Vorschrift des § 212 Abs. 1 Satz 2 die Aktienurkunde nichtig, ist sie also gar nicht die Bescheinigung der Gesellschaft über die Mitgliedschaft des Aktionärs (vgl. LEHMANN S. 198), sondern lediglich ein wertloses Stück Papier, so kann sie auch nicht mit der Wirkung, daß dadurch das Aktienrecht übergeht, auf einen anderen übertragen werden, denn das würde gerade eine gültige Urkunde voraussetzen. Und da nun ferner die Übertragung des Aktienrechts sich entweder allein durch die Übergabe der Aktienurkunde vollzieht oder wenigstens ohne die Übergabe der Aktienurkunde nicht perfekt wird (vgl. LEHMANN S. 209, LIPPMANN S. 144), also der Besitz der Aktienurkunde und selbstverständlich einer gültigen Aktienurkunde, ganz gleich, ob es sich um Namen- oder Inhaberaktien handelt, Voraussetzung für die Übertragung des Aktienrechts (§ 222) ist, eine solche gültige Urkunde vorliegendenfalls aber gar nicht existiert, so gelangt man zu dem Ergebnis, daß, falls der Vorschrift des § 212 Abs. 1 Satz 2 nicht genügt ist, eine Übertragung des Aktienrechts überhaupt nicht erfolgen kann, das Aktienrecht vielmehr — den Übergang kraft Erbrechts natür-

---

[1] Vgl. R.G. XXXI 22, R.O.H. XIX S. 233, LEHMANN-RING zu 212 a. 6. MAKOWER zu 212 II c, PINNER zu 212 III 4.

[2] Ebenso STAUB zu 212 a. 16, zu 222 a. 8, WOLFF W. S. 348, a. M. MAKOWER S. 450, LEHMANN-RING zu 212 a. 6, PINNER S. 95.

lich unberührt — in diesem Falle praktisch und juristisch unübertragbar ist.[1]

Andererseits jedoch sei hervorgehoben, daß durch die Nichtigkeit der Aktienurkunde das Anteilsrecht des ersten Aktionärs nicht berührt wird, derselbe vielmehr nach Maßgabe des Statuts verpflichtet bleibt. Dies ergibt sich schon aus dem Obigen, sowie besonders daraus, daß der erste Aktionär auf Grund des Beitritts zur Gesellschaft und lediglich auf Grund des Statuts mit allen statutarischen Rechten und Pflichten, namentlich auch mit der Nebenleistungspflicht, also gerade nicht nach Maßgabe der Urkunde, Aktionär geworden ist, daß also für ihn das Statut und nicht die Aktienurkunde bestimmend ist (vgl. Lehmann S. 198, 209, R.G. XXXIV 115, Makower S. 450, Wolff W S. 348, Staub zu 212 a. 16).

III. Der § 212 Abs. 1 Satz 2 bestimmt lediglich, daß die Verpflichtung und der Umfang der Leistung aus der Aktie zu ersehen sein müsse. Es ist daher, abweichend von § 180 Abs. 4, nicht erforderlich, daß auch die Beschränkung der Übertragbarkeit der Nebenleistungsaktie in dem Mitgliedschein ersichtlich gemacht werden müsse, da sich diese Beschränkung — anders als bei der Nebenleistungspflicht, die nur durch die Satzung statuiert werden kann, also nicht statuiert zu werden braucht — ohne weiteres aus dem Gesetz ergibt.

Lauten jedoch die Nebenleistungsaktien nach Maßgabe des § 180 Abs. 3 auf einen Betrag von weniger als tausend Mark, so sollen, unbeschadet der Vorschrift des § 212 Abs. 1 Satz 2, gemäß § 180 Abs. 4 die Beschränkungen, denen in diesem Falle nach § 222 Abs. 4 die Aktionäre in Ansehung der Übertragung

---

[1] Vgl. Lehmann-Ring zu 212 a. 6, Staub zu 212 a. 16, Wolff W. S. 348. Die obligatorischen Wirkungen, welche die als solche nichtige Übertragung einer nichtigen Nebenleistungsaktie zwischen dem Aktionär, der veräußern, und dem, welcher erwerben will, im Einzelfall äußern kann, anlangend, so sind die Übertragungsverträge über die nichtige Aktienurkunde nicht unter allen Umständen nichtig. Ein solcher Vertrag kann nach Lage des Einzelfalls z. B. als *pactum de cedendo*, als Vereinbarung, durch die sich der Aktionär verpflichtet, dem konsignierten Erwerber das Aktienrecht zu übertragen, gültig sein. Vgl. Staub zu 212 a. 16, Wolff W. S. 348.

ihrer Rechte unterliegen, bei Vermeidung der Strafen des § 314 Z. 5 für Vorstand und Aufsichtsratsmitglieder, in den Aktien ersichtlich gemacht werden.[1]

§ 16.
Nachträgliche Auferlegung von Nebenleistungen.

I. **Der Grundsatz des § 276 und seine Begrenzung.** Schon mehrfach ist der im deutschen Aktienrecht, wenn auch nicht ausgesprochene, so doch zweifellos enthaltene Grundsatz erwähnt worden, daß der Aktionär der Aktiengesellschaft zu Leistungen, mag es sich dabei um Haupt- oder sekundäre Leistungen handeln, nur insoweit verpflichtet ist, als er für seine Person Verpflichtungen gegen die Gesellschaft ausdrücklich übernommen hat und daß dem Aktionär eine Verpflichtung über die so übernommenen Leistungen hinaus ohne seine ausdrückliche Zustimmung, etwa durch Mehrheitsbeschluß der Generalversammlung, nicht auferlegt werden kann.[2] In diesem Sinne hat der Aktionär in der Tat ein Recht darauf, daß er ohne seinen Willen nicht zu Leistungen an die Gesellschaft verpflichtet werde, die er nicht übernommen hat.

Und zwar ist dieses Recht hinsichtlich der Verpflichtung zur Leistung von Kapitaleinlagen sogar unverzichtbar (Staub zu 211 a. 2), während das Recht des Aktionärs darauf, daß ihm ohne seine Zustimmung keine Nebenleistungen im Sinne des § 212 auferlegt werden, wie sich aus § 276 ergibt, als verzichtbares Recht zu gelten hat (Makower S. 651).

Danach spricht also der § 276 in Beschränkung auf das Nebenleistungsverhältnis den — wie auch die Denkschrift S. 132 bemerkt — selbstverständlichen Satz aus, daß eine Verpflichtung des Aktionärs zu Leistungen der in § 212 bezeichneten Art, also

---

[1] Vgl. Lehmann S. 198, 199, Makower S. 450, Wolff W. S. 348, Staub zu 212 a. 17, Lehmann-Ring zu 216 a. 6.

[2] Vgl. Gierke G.Th. S. 253 f., 631 ff., insbes. 639, R.O.H. XXIII 297 f., R.G. XVII 14 f., IIL 102 ff., XXI 157, B. XVII 529, Seuffert L S. 56, Rudorff zu 276, Bauer S. 223, Lehmann-Ring zu 276 a. 1.

zu wiederkehrenden, nicht in Geld bestehenden Leistungen und zu Vertragsstrafen bei Nicht- oder nicht gehöriger Erfüllung dieser Leistungen, sofern dieselbe nicht im ursprünglichen Statut vorgesehen ist, nur mit Zustimmung sämtlicher von der Verpflichtung betroffener Aktionäre begründet werden kann.[1]

Das Gesetz spricht in § 276 nur von der Begründung der Nebenleistungspflicht. Selbstverständlich ist aber nach dem eingangs dargelegten Grundsatz der Begründung auch jede Erweiterung und Erschwerung einer bereits begründeten Nebenleistungsverpflichtung gleichzustellen, denn auch in der Erhöhung oder Erschwerung der ursprünglichen Leistungspflicht liegt zweifellos die Auferlegung einer neuen Leistungsverpflichtung.[2]

Andererseits ist jedoch hervorzuheben, daß der in § 276 enthaltene Grundsatz lediglich für die Begründung, Erhöhung und Erschwerung der Nebenleistungen und der Vertragsstrafen bei Nicht- oder nicht gehöriger Erfüllung der ersteren Geltung verlangt. Im übrigen unterliegen sämtliche die Nebenleistungspflicht betreffenden Verhältnisse grundsätzlich, falls nämlich nicht Sonderrechte bezw. Gattungsrechte dadurch verletzt werden, der Korporationsgewalt, vor allem dem Mehrheitswillen der Generalversammlung. Insbesondere kann jederzeit auf dem Wege der Statutenänderung eine Aufhebung oder Erleichterung der Nebenleistungspflicht durch Mehrheitsbeschluß der Generalversammlung herbeigeführt werden, wie natürlich auch die Majorisierung des Vergütungsanspruches zwecks Erhöhung, Herabsetzung oder Aufhebung der Vergütung und die Änderung von Instruktionsbestimmungen kraft Mehrheitswillens in den vorgeschriebenen Formen grundsätzlich durchaus zulässig erscheint. Denn es fehlt jeder Grund, das Nebenleistungsverhältnis anders zu be-

---

[1] Insbesondere können so die Nebenleistungen auch bei Erhöhung des Grundkapitals für die neu auszugebenden Aktien bedungen werden. Die erforderliche Zustimmung liegt dann in der Zeichnung der neuen Aktien. Vgl. im übrigen Lehmann-Ring zu 276 a. 1, 2, Makower S. 651, Staub Krit. Betr. S. 25, 26, R.G. IIL 107.

[2] Vgl. Makower S. 650, Staub zu 212 II 1 c, zu 276, Lehmann-Ring zu 212 a. 1, zu 276 a. 1, Riesser S. 105, Wolff W. S. 336, 346, Methner-Huberti S. 41 a. 5, R.G. XXXVIII 15.

handeln als sonstige gesellschaftliche Verhältnisse, hinsichtlich deren sich eben die Aktionäre, sofern es sich nicht um Sonderrechte oder Gattungsrechte oder um die Auferlegung oder Erschwerung von Leistungspflichten handelt, dem Willen der Majorität fügen müssen.[1]

II. **Die Erfordernisse nachträglicher Auferlegung der Nebenleistungspflicht.** Da die Verpflichtungen des Aktionärs zu Leistungen der in § 212 bezeichneten Art, also die Verpflichtungen zu Nebenleistungen und zur eventuellen Zahlung von Vertragsstrafen, wenigstens als gesellschaftliche Verpflichtungen, nur durch das Statut auferlegt werden können und in ihren Essentialien bis zur Bestimmbarkeit darin auch geregelt sein müssen, so bedarf es, unbeschadet des § 276, zu ihrer nachträglichen, die Statuten berührender Veränderung regelmäßig einer Statutenänderung (Wolff W. S. 336, Makower S. 650).

Eine Statutenänderung kann aber nun gemäß § 274 nur durch die Generalversammlung beschlossen werden. Soll also den Aktionären eine Verpflichtung zu Leistungen der in § 212 bezeichneten Art auferlegt oder eine schon in der Satzung normierte Nebenleistungspflicht bezw. Pflicht zur Leistung von Vertragsstrafen erhöht, erschwert, aufgehoben, erleichtert oder herabgesetzt werden, so bedarf es für diese Statutenänderung zunächst eines zustimmenden Beschlusses der Generalversammlung. Dieser Beschluß unterliegt den allgemeinen Regeln über Statutenänderungen, bedarf also in Ermangelung abweichender Bestimmungen des Statuts einer Mehrheit, die mindestens drei

---

[1] Vgl. R.G. VI 120, XVII 10, Arch. d. Rheinpr. Bd. 70 S. 74, 78 f., D. S. 143, Pinner S. 96, 104, Dyhrenfurth S. 35, Wolff W. S. 346, Staub zu 212 II 1 c, Lippmann S. 210 ff., Fischer S. 33 a. 1. Nach dem Obigen ist es also unrichtig, wenn Wolff W. 346 sagt, die Statutenbestimmungen, welche die Vergütung regelten, könnten zwar durch Generalversammlungsbeschluß abgeändert werden, eine Erschwerung könne aber mit Rücksicht auf § 276 nur gegen die einwilligenden Aktionäre beschlossen werden. Eine Erschwerung der Vergütung, worunter Wolff doch wohl eine Schlechterstellung des Aktionärs hinsichtlich der Höhe des Vergütungsanspruchs versteht, ist noch lange nicht eine Erschwerung der Nebenleistungspflicht als solcher.

Vierteile des bei der Beschlußfassung vertretenen Grundkapitals umfaßt.[1]

Während nun aber dieser Generalversammlungsbeschluß — immer vorausgesetzt, daß er gültig zustande gekommen ist — für die Aufhebung, Herabsetzung und Erleichterung der in § 212 bezeichneten Leistungen zwar erforderlich, aber auch genügend ist, so bedarf es zur Begründung, Erhöhung und Erschwerung derartiger Leistungen — dies folgt aus dem diesem Paragraphen vorangestellten Grundsatz und spricht § 276 noch ausdrücklich aus — außer einem die Statutenänderung gutheißenden Generalversammlungsbeschluß noch der Zustimmung sämtlicher Aktionäre, welche von der neu aufzulegenden Leistungspflicht betroffen werden sollen, während die von der Verpflichtung nicht betroffenen Aktionäre ihren Willen lediglich in der über die Statutenänderung beschließenden Generalversammlung zum Ausdruck bringen und dabei gegebenenfalls überstimmt werden können.[2, 3]

Darüber, in welcher Form die betroffenen Aktionäre ihre Zustimmung zu geben haben, schweigt das Gesetz. Man wird also annehmen müssen, daß sie in jeder Form (B.G.B. § 182 Abs. 2, Staub zu 212 II 1c) und zwar sowohl vor als nach dem die Statutenänderung beschließenden Generalversammlungsbeschluß, sowohl in als außerhalb[4] der Generalversammlung, sowohl münd-

---

[1] Vgl. Lehmann-Ring zu 276 a. 2, Keyssner-Simon 5. Aufl. S. 153, Methner-Huberti S. 41, H.G.B. §§ 274 ff.

[2] Vgl. Makower S. 650. — Unrichtig ist nach dem Obigen die Ansicht von Bauer S. 223, daß die freiwillige Übernahme von Nebenleistungen durch einen Teil der Aktionäre und die danachige Verlautbarung dieser Tatsache im Statut unter Einhaltung der Vorschrift des § 212 Abs. 1 statthaft sei. — Die von der Verpflichtung betroffenen Aktionäre sind keineswegs alle bei der Fassung des Generalversammlungsbeschlusses vorhandenen Aktionäre, da die Verpflichtung zu Nebenleistungen nachträglich nur einer Gruppe von Aktionären oder nur einzelnen Aktionären auferlegt werden kann. Vgl. Makower S. 650 f., Lehmann-Ring zu 212 a. 2.

[3] Falls bei einer Nebenleistungs-A.G. mehrere Aktiengattungen bestehen und die Verpflichtung der Nebenleistungsaktionäre erschwert oder erhöht werden soll, so ist außer § 276 auch die Vorschrift des § 275 Abs. 3 zu beachten.

[4] A. M. Pinner zu 276, mit der Begründung, daß das Gesetz außer der Generalversammlung ein Organ, durch das die Aktionäre ihre Rechte,

lich als schriftlich erklärt werden darf, in allen Fällen aber dem Vorstand bezw. der Generalversammlung gegenüber zu erklären ist (vgl. Wolff W. S. 336, Staub zu 212 a. 7).

Und zwar muß die Zustimmung der sämtlichen betroffenen Aktionäre, wie noch besonders hervorgehoben werden soll, unter allen Umständen vor der Eintragung der Statutenänderung ins Handelsregister abgegeben werden (Lehmann-Ring zu 276 a. 2).

Die Eintragung der beschlossenen Statutenänderung anlangend, so kann also eine solche, auch wenn nur ein einziger von den Aktionären, welche nach der beschlossenen Statutenänderung von der neuen Verpflichtung betroffen werden sollten, seine Zustimmung nach § 276 verweigert, naturgemäß nicht erfolgen und auch die etwaige Eintragung einer auf Grund jener singulären Weigerung

---

insbesondere das Recht des Widerspruchs aus § 276, ausüben könnten, nicht kenne und daß eine Geltendmachung dieser Rechtsausübung durch Einzelerklärung nur zulässig sein würde, wenn man die Aktionäre im Falle des § 212 als Schuldner der Gesellschaft ansehe, was nach jetzigem Recht ausgeschlossen erscheine (s. o. § 11 VI). Deshalb müßten die betroffenen Aktionäre bei der Abstimmung in der Generalversammlung der Belastung zustimmen und könnten sie nur in dieser Form ihre Zustimmung äußern. Der Generalversammlungsbeschluß werde also nur gültig, wenn alle betroffenen Aktionäre zustimmten. — Pinners Ansicht ist unhaltbar. Es ist unerfindlich, aus welch inneren Gründen eine Erklärung, bei der der einzelne Aktionär gerade nicht dem Mehrheitswillen der Aktionäre unterworfen ist, in der wesentlich zur Ausübung der Mehrheitsrechte und Feststellung des Mehrheitswillens berufenen Generalversammlung abzugeben wäre. Ebenso Lehmann-Ring zu 276 a. 2, Staub zu 212 II 1 c, Makower S. 650 f. Zweifellos wird deshalb auch ein Aktionär, der gegen den Generalversammlungsbeschluß über die Statutenänderung gestimmt hat oder der in jener Generalversammlung abwesend gewesen ist, die Nebenleistungen auf Grund jenes gültig zustande gekommenen Generalversammlungsbeschlusses für seine Person übernehmen können. — Gerade deshalb darf man andererseits auch die Zustimmung zur Auferlegung von Nebenleistungen, welche in der Generalversammlung seitens des Aktionärs zweifellos durch Votieren für die Statutenänderung zum Ausdruck gelangt ist, als Zustimmung im Sinne des § 276 nicht genügen lassen, da wohl möglich ist, daß ein Aktionär jener Statutenänderung an sich zustimmen, trotzdem aber die Nebenleistungen für seine Person nicht auf sich nehmen will. Vgl. Wolff W. S. 336, Pinner zu 276, Staub zu 212 a. 7, Makower zu 276 IV, Gareis H.G.B. zu 276 a. 2, Seuffert N. F. XX Nr. 30, R.G. in Holdheim II S. 386 f.

modifizierten Statutenänderung, wonach der renitente Aktionär von der beabsichtigten Auferlegung der Leistungspflicht für seine Person befreit sein soll, ist diesenfalls nicht angängig, da eine Statutenänderung in dieser Form von der Generalversammlung nicht beschlossen worden ist und vor der Eintragung ins Handelsregister erst noch beschlossen werden müßte (Makower S. 648, 650).

Ist dagegen sowohl der Generalversammlungsbeschluß über die Statutenänderung gültig gefaßt, als auch die Zustimmung der durch ihn betroffenen Aktionäre erfolgt, dann steht einer Eintragung der Statutenänderung nichts mehr im Wege. Gemäß § 277 Abs. 3 ist zunächst die Änderung des Statuts zur Eintragung ins Handelsregister anzumelden. Das Registergericht hat sodann vor der Eintragung zu prüfen, ob der Beschluß zufolge der einzelnen Zustimmungserklärungen der Aktionäre Gültigkeit hat. Der Registerrichter wird in dieser Beziehung den Nachweis der erfolgten Zustimmung in öffentlich beglaubigter Form verlangen können.

Die Eintragung der Statutenänderung ins Handelsregister ist entscheidend für ihre Wirksamkeit. Vor der Eintragung hat die Abänderung des Statuts keine Wirkungen und erst nach der Eintragung in das Handelsregister des Gerichts, in dessen Bezirk die Gesellschaft ihren Sitz hat, gilt die Statutenänderung als erfolgt.[1]

Bemerkt sei noch, daß selbstverständlich auch bei nachträglicher Auferlegung von Leistungen der in § 212 bezeichneten Art die Übertragung der Anteilsrechte an die Zustimmung der Gesellschaft gebunden ist und daß auch in diesem Falle die Aktienurkunde den Inhalt und Umfang der Nebenleistungsverpflichtung ergeben muß.

§ 17.

Das alte und das neue Recht.

Die §§ 211, 212 geben nicht eine authentische Interpretation, eine gesetzliche Deklaration des alten Art. 219, etwa dahingehend, daß die statutarische Auferlegung von wiederkehrenden, nicht in

---

[1] Vgl. Staub zu 212 II 1 c, Gareis H.G.B. zu 212, 2 a und zu 276, 2.

Geld bestehenden Leistungen vom 1. Januar 1900 an als gesellschaftliche Verpflichtung auch für die bereits vor diesem Zeitpunkt errichteten Gesellschaften gültig sein solle[1], sondern stellen eine neue Rechtsregel auf, welche den Aktiengesellschaften vom 1. Januar 1900 an im grundsätzlichen Gegensatz zum bisherigen Recht gestattet, im Statut den Aktionären neben den Kapitaleinlagen noch wiederkehrende Naturalleistungen als mitgliedschaftliche, gesellschaftliche Verpflichtungen aufzuerlegen (vgl. Wolff W. S. 331, R.G. IIL 105).

Und wenn nun auch das gesellschaftliche Leben, das Funktionieren des gesellschaftlichen Organismus auch der vor dem 1. Januar 1900 errichteten Gesellschaften von dem genannten Zeitpunkt an unter das neue Recht tritt, so kann doch natürlich nicht die Rede davon sein, daß vom 1. Januar 1900 ab die bloß erlaubenden Rechtssätze des § 212, Rechtssätze, welche für die Begründung der Nebenleistungspflicht als gesellschaftlicher Verpflichtung ganz bestimmte, daraufhin abzielende Rechtsakte verlangen, auf die Statuten bereits bestehender Gesellschaften Anwendung finden und die Kraft haben sollten, die nichtigen Bestimmungen der vor dem 1. Januar 1900 errichteten Statuten über die Rübenlieferungspflicht *ipso iure* in Kraft zu setzen.

Zwar befinden sich wohl auch die in den vor dem 1. Januar 1900 errichteten Statuten enthaltenen Bestimmungen über die Rübenlieferungspflicht im ursprünglichen Statut; daß aber die unter dem alten Recht errichteten Gesellschaften keine solchen sind, bei denen im Rechtssinn in dem ursprünglichen Statut den Aktionären eine gesellschaftliche Verpflichtung der in § 212 bezeichneten Art auferlegt ist, erhellt ohne weiteres daraus, daß nach altem Recht die gedachten Leistungen im Statut und als gesellschaftliche Leistungen überhaupt nicht auferlegt werden konnten.

Da des weiteren auch das Einführungsgesetz zum H.G.B. über die Frage des Überganges vom alten zum neuen Recht in

---

[1] Vgl. Goldschmidt Formen S. 30, Pinner S. 96, Wolff bei Holdheim VI 76.

dieser Hinsicht schweigt, so muß es als zweifellos erscheinen, daß die unter dem alten Recht errichteten Gesellschaften hinsichtlich der Nebenleistungsverpflichtungen auch nach dem 1. Januar 1900 noch unter dem alten Rechte stehen, so daß insoweit das alte Recht noch heute praktisch in Geltung steht.

Selbstverständlich steht es aber den unter dem alten Recht errichteten Gesellschaften seit dem 1. Januar 1900 frei, die etwa bei ihnen schon vor dem genannten Zeitpunkt vertragsmäßig begründete Nebenleistungspflicht unter Beachtung des § 276 den Aktionären nunmehr als gesellschaftliche Verpflichtung kraft Statuts aufzuerlegen.[1]

[1] Vgl. Dernburg B.R. I S. 232 f., Lehmann in Z. Bd. 48 S. 114, Staub zu 212 Zusatz, zu 211 Zusatz 2 und S. 540 ff., Pinner S. 97, Lehmann-Ring zu 211 a. 3, 212 a. 11, 276 a. 3, Weinhagen bei Holdheim V S. 403, Wolff bei Holdheim VI S. 75, Methner-Huberti S. 41 a. 6, Bauer S. 44, Wolff W. S. 331 f., Kaufmann S. 50, D. S. 132, R.G. XVII 16, XXXVII 65, IIL 102 ff. Seltsam Meyerhoff S. 77: Der § 212 habe, soweit es sich nicht um den nach der Judikatur ohnehin gültigen Nebenvertrag handelt, rückwirkende Kraft, arg. Art. 163 E.G. zum B.G.B., Art. 22 ff. E.G. zum H.G.B.

Inhalt.

Druck von Metzger & Wittig in Leipzig.

FSC
www.fsc.org
MIX
Papier | Fördert gute Waldnutzung
FSC® C083411

Kolibri 360 GmbH
Ferdinand-Jühlke-Straße 7
99095 Erfurt, Deutschland
produktsicherheit@kolibri360.de